Cuando una

mujer

supera
las heridas de
la vida

Libros de Cindi McMenamin publicados por Portavoz

Cuando Dios ve tus lágrimas

Cuando una mujer está desesperada

Cuando una mujer se siente sola

Cuando una mujer supera las heridas de la vida

Cuando una *mujer* supera las heridas de la vida

CINDI McMENAMIN

EDITORIAL PORTAVOZ

La misión de *Editorial Portavoz* consiste en proporcionar productos de calidad —con integridad y excelencia—, desde una perspectiva bíblica y confiable, que animen a las personas a conocer y servir a Jesucristo.

Título del original: *When a Woman Overcomes Life's Hurts,* © 2012 por Cindi McMenamin y publicado por Harvest House Publishers, Eugene, Oregon 97402. Traducido con permiso.

Edición en castellano: *Cuando una mujer supera las heridas de la vida,* © 2017 por Editorial Portavoz, filial de Kregel, Inc., Grand Rapids, Michigan 49505. Todos los derechos reservados.

Traducción: Rosa Pugliese

EDITORIAL PORTAVOZ
2450 Oak Industrial Drive NE
Grand Rapids, Michigan 49505 USA
Visítenos en: www.portavoz.com

ISBN 978-0-8254-5722-7 (rústica)
ISBN 978-0-8254-6602-1 (Kindle)
ISBN 978-0-8254-8758-3 (epub)

1 2 3 4 5 edición / año 26 25 24 23 22 21 20 19 18 17

*A las preciosas mujeres que han dado a conocer su dolor en las
páginas de este libro. Ustedes, mis amigas, son ejemplos vivos
de la sanidad y la plenitud que solo Dios puede ofrecer.*

*Y a cada mujer que lea este libro para superar las heridas de la vida.
Es mi oración que puedan encontrarse cara a cara con
el dulce Sanador, que quiere transformar el sufrimiento
de sus vidas en algo absolutamente precioso.*

RECONOCIMIENTOS

Mi más sincero agradecimiento a…

- mi esposo Hugh y a mi hija Dana, por su amor incondicional por mí.
- mi hermano Dan, por su capacidad de ver más allá de mis heridas y enfocarse en la obra transformadora que Dios sigue haciendo en mí.
- mis amigas y compañeras de oración, que me alentaron a escribir otro libro más: Chris Castillero, Cyndi Evans, Theresa Fusco, Sue Laird, Cyndie Lester, Allison Martin, Lisa Pacheco, Debbie Patrick, Mary Purviance, Terri Smalls, Ashley Tarr y Barbara Willett.
- mi editor Steve Miller y el comité editorial de Harvest House Publishers, por creer en la necesidad de este libro.

Y, por encima de todo, doy gracias a mi Señor y Salvador Jesucristo, que dio su vida para sanarnos y restaurarnos, a ti y a mí.

Contenido

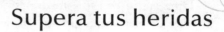

Supera tus heridas

¿No sería maravilloso poder decir: "¡Mi vida es *exactamente* como la soñé!"?

Creo que si pudieras decirlo, estarías en el cielo… literalmente hablando.

Pero quizás, en cambio, sientas que tu vida ha sido un infierno.

Tal vez hayas sufrido —o estés sufriendo— una niñez dolorosa, una relación rota, un amargo divorcio, la pérdida de alguien que amabas, un sueño truncado, el diagnóstico de una enfermedad o la profunda decepción que viene cuando la vida toma un giro inesperado, que no querías ni esperabas.

Los golpes de la vida abundan. Y a veces se acumulan, uno sobre otro, y nos preguntamos: *¿Qué pasa? ¿Qué hice para merecer esto?* A veces cuestionamos a Dios: "¿Dónde estás tú, Dios? ¿Acaso no te importa lo que estoy pasando? ¿Por qué tengo que sufrir así?". Sea cual fuere la situación particular que te provoca dolor, si te estás preguntando "por qué", no eres la única.

Desde que tiene uso de razón, Cyndi ha visto la muerte a su alrededor. Muerte trágica. Muerte inesperada. Muerte que nadie se explicaba. Muerte de la que nadie quería hablar ni reconocer. Hubo un tiempo cuando empezó a preguntarse por qué su vida estaba llena de tanto dolor y lágrimas.

Sandra piensa en su niñez y no encuentra a nadie —*a nadie*— que la quisiera o amara. Su madre, quien trató de quitarle la vida cuando Sandra tenía solo un año de edad, terminó internada en un hospital psiquiátrico. Desde entonces, su padre quedó resentido y abusó de ella física y sexualmente hasta su adolescencia. Después, Sandra se casó y le diagnosticaron un cáncer agresivo poco antes que su matrimonio se desintegrara. Ella recuerda que había días que oraba para morirse y poder escapar de su dolor físico, emocional y espiritual; pero creía que Dios no le permitía morirse, porque no era suficientemente buena para ir al cielo.

Dina creció con una madre crítica y un padre emocionalmente distante de ella, hasta que un día se enteró de que eran sus padres adoptivos y que su *verdadera* historia era un secreto. Durante años sintió que tenía un pasado vergonzoso del que nadie estaba dispuesto a hablar y que no la querían ni la amaban. Finalmente, sintió amor por primera vez y se casó… hasta que descubrió que su esposo la había estado engañando con su mejor amiga durante mucho tiempo. Había veces que se sentía como un alma en pena, insensible a cualquier cosa o persona que la rodeaba.

Y Christina creció en un ambiente que le enseñó a transgredir la ley, ya que, a muy temprana edad, aprendió a vender drogas para ganar dinero y alimentar la adicción de su madre drogadicta. Apenas era una preadolescente, cuando buscaba comida en los contenedores de basura para poder alimentar a sus cuatro hermanos menores, y se preguntaba si alguna vez tendría una vida "normal": una de la que al menos pudiera hablar con los demás.

Tengo muchas historias más para contar. Y todas estas mujeres te dirían hoy que las heridas que padecieron tenían una *razón* de ser. Cualquiera que conozca a estas mujeres, también te diría que son algunas de las mujeres más admirables que ha conocido. Su dolor las condujo a su propósito. Su quebrantamiento las hizo más bellas. Su sufrimiento las hizo más fuertes. Y ya han dejado de preguntarse el "por qué". Asombrosamente, ya no se consideran mujeres heridas.

Al escribir este libro, no busqué a mujeres que fueran gigantes espirituales y de gran influencia en el mundo, y luego les pedí que me hablaran de las heridas de su pasado. Busqué a mujeres heridas cuyas experiencias fueran de lo peor. Quería escuchar historias de mujeres que habían sufrido y que, de alguna manera, superaron los golpes de la vida. Y lo que descubrí al hablar con muchas de ellas fue que —desde su perspectiva— su decepción, su pérdida y su dolor no eran tan importantes como su liberación. No estaban concentradas en su frustración, sino en su futuro; tampoco lo estaban en sus heridas, sino en ayudar a otros.

Estas mujeres habían padecido, pero ahora lo más importante en sus vidas era el plan y el propósito de Dios. Son ejemplos de cómo Él puede tomar a mujeres deshechas como tú y yo y convertirlas en mujeres bellas con pasión por la vida. Por lo tanto, este libro no solo se ocupa de las heridas y el sufrimiento, sino también del aliento y la inspiración para dejar atrás las heridas y los golpes de la vida y entrar en una dimensión de esperanza y propósito. Te muestra cómo puedes superar las heridas de la vida y experimentar la sanidad y la restauración de Dios, y cómo puedes ofrecer esa misma sanidad y plenitud a otros.

Te contaré la historia de cada una de estas mujeres —y de muchas otras— para que puedas conocer a mujeres que han experimentado el dolor, pero siguen de pie, más fuertes que antes y con una pasión y propósito que jamás conocieron. Han superado los golpes de la vida, algunos de las cuales tú también puedes haber sufrido.

Dios tiene sanidad y plenitud para ti también, sea cual fuere el origen de tu sufrimiento. Ya sea que hayas sido víctima de maltrato, hayas experimentado la humillación del engaño o abandono, te hayan roto el corazón o tus heridas sean causa de tus propias acciones reprochables, hay una fuente de sanidad que fluye para aquellas que están dispuestas a recibirla. Dios te ofrece sanidad y puede sacar un propósito de tu dolor.

El dolor es parte de la vida

Para comenzar, querida amiga, permíteme recordarte que el dolor es parte de la vida. A veces me he llegado a preguntar si acaso no es *más* prevalente en la vida de la mujer. Tal vez sea porque las mujeres tendemos a hablar más del dolor, abrir nuestro corazón y mostrar nuestros sentimientos. Posiblemente, necesitemos examinar nuestro dolor, analizar los motivos que esconde, tratar de comprenderlo, aprender del mismo y, finalmente, buscar su *razón*. Quizás sea por tener expectativas demasiado altas de los demás y nos desencantamos cuando nuestros sueños, especialmente en el ámbito del amor, se truncan.

Desde la profunda angustia por el abandono, el rechazo o la pérdida del amor, hasta el aguijón de la ofensa de una persona que considerábamos amiga, sentimos el dolor de la vida, el amor y la pérdida, a veces, a diario. Pero ¡qué bueno es poder sobreponernos a ese dolor que nos ha marcado y seguir adelante más fuertes, más seguras y de mayor bendición para quienes nos rodean! Poder decir: "Confío en que el Amante de mi alma tenía un propósito y un plan en todo lo que he experimentado. Ahora puedo mirar atrás y ver su mano de amor sobre mi vida en todo momento y puedo decir que me ha sanado".

Hace veinticinco años que hablo con mujeres heridas y escucho el sollozo de un sinfín de corazones rotos, que se hacen preguntas sin respuesta —y yo misma he experimentado algunas de las situaciones angustiantes que ellas han mencionado— y puedo decirte que *hay* una respuesta. *Hay* sanidad. Y *hay* una manera de salir del túnel oscuro y volver a ver la luz.

Solo en el último año, he tenido el privilegio de escuchar personalmente algunas historias increíbles de mujeres que han hallado su propósito a través del dolor, su vocación a través de la desdicha, su sueño a través de la dificultad. He visto surgir belleza —no amargura— donde una vez solo había temor y resentimiento. He visto mujeres salir de la peor de las experiencias, con su frente en alto, y proclamar: "Ya no estoy herida". ¡No solo como un hecho, sino como un lema en la vida!

¿Tú también quieres proclamarlo? Puedes… si estás dispuesta a acompañarme en este proceso y permitir que Dios te sane desde lo profundo de tu corazón.

Debo admitir que, inicialmente, no quería escribir este libro, porque no quería atravesar el proceso que se requería. ¿Quién quiere volver a abrir sus heridas y recordar ofensas del pasado para entregárselas a Dios y decir: "Sé que tú sabes todo lo que pasé y además lo permitiste, así que haz lo que quieras en y a través de mí"? ¿Quién quiere ver asuntos sin resolver todavía escondidos en rincones de su corazón y encontrar inseguridades causadas por heridas de su niñez, no entregadas por completo a Dios? ¡Yo no!

No, preferiría concentrarme en otras mujeres y en su proceso de sanidad de las heridas y dejar mi propia vida en paz. Pero Dios no trabaja de esa manera; al menos, no en mí. Él quiere que primero aprenda la lección, para poder compadecerme de mis amigas mientras escribo este libro y vivir lo que escribo. Él quiere que pruebe los principios y vea si son verdad, que ponga en práctica los consejos que estoy dando y que me asegure de que funcionan en mi propia vida también. Y en cuanto a este libro, Él quería que atravesara este proceso —y tratara algunas de las heridas que todavía me duelen, pero que no quería admitir— para que pudiera entregarle el dolor que me sigue afectando y entrar en una dimensión de esperanza y sanidad y un propósito más definido que antes. Él quería eso para mí… para que yo pudiera, a su vez, tomar *tu* mano y caminar a tu lado a lo largo de este proceso.

Por lo tanto, querida lectora, me embarco en este proceso *contigo*: el proceso de examinar las heridas comunes que experimentan las mujeres y ver cómo sobreponernos a las heridas para seguir adelante hacia un futuro mejor.

Comenzaremos por *destapar las heridas* que aún hoy te podrían seguir afectando; heridas como cuando te enamoras y luego esa persona te abandona o te engaña. Heridas como el aguijón del rechazo, el dolor de la traición o la desilusión de los sueños que se truncan.

Una vez que hayamos destapado las heridas, procederemos a *desenmascarar las mentiras,* que tal vez has creído en todos estos años, como…

- No le importo a nadie.
- Soy indeseable y nadie me querrá jamás.
- Estoy decepcionada por las decisiones que he tomado.
- Soy incapaz; nunca lograré nada.
- Me equivoqué demasiado para que Dios me use alguna vez.

Una vez que hayamos confrontado esas mentiras con la verdad, *descubriremos un corazón nuevo,* centrado en Aquel que fue herido por nosotras y en la vida que Él nos ofrece a causa de sus cicatrices para que podamos hacer lo mismo: ofrecer vida y esperanza a otros a causa de las heridas que hemos sufrido. Finalmente, echaremos mano de la restauración que Dios está esperando hacer en tu vida, para que lo que una vez fue un amargo dolor pueda redundar en un dulce propósito.

Este libro no contiene psicología, sino lo que yo denomino la "terapia de la teología": el empleo de un correcto entendimiento de quién es Dios, para permitir que esa verdad penetre en nuestro dolor y nuestras experiencias del pasado y nos libere de la atadura que nos ha estado limitando. Sé que funciona. Lo he visto funcionar en un sinnúmero de mujeres. Lo he experimentado en carne propia. Y sé que tú también lo puedes experimentar.

Así que, si estás lista, yo también. Emprendamos juntas esta travesía para ver cómo puedes salir del pozo y ser sana de tus heridas, a fin de llegar a ser una mujer que, con la cabeza en alto, proclame con sinceridad y absoluta confianza: "Ya no estoy herida".

Estoy *más que lista* para proclamarlo. ¿Y tú?

PARTE I

Destapemos las heridas

Él sana a los quebrantados de corazón,
y venda sus heridas.

SALMOS 147:3

1

Esto no era lo que esperaba

Debes saber que tu dolor tiene una razón de ser

Isabel nunca imaginó que su vida sería así.

A los cuarenta años, sigue viviendo sola, sin el esposo y los hijos con quienes había imaginado compartir la vida a estas alturas. Pero su vida está llena y desborda de bendiciones, porque permitió que Dios cumpliera *sus* planes y propósitos para su vida. Isabel *puede* imaginar lo diferente —terrible— que sería su vida hoy si Dios no hubiera intervenido y la hubiera ayudado a superar la realidad que le ha tocado vivir.

Levantaré el telón de la vida de Isabel, para que tengas una vislumbre de lo que *tu* Creador podría haber tenido en mente cuando permitió que sufrieras. Te mostraré la primera historia de muchas, donde no se trata del dolor, sino de un propósito y un plan divino superior.

Isabel es la hija de dos inmigrantes mejicanos, que se trasladaron a Pasadena (California), cuando ella tenía seis años. Debido a que sus primeros meses en los Estados Unidos fueron muy difíciles, regresaron a Méjico. Un año más tarde, trataron de migrar nuevamente a los Estados Unidos bajo condiciones realmente adversas; como, por ejemplo, tener que dormir bajo un puente dentro de un automóvil o en un estacionamiento de casas rodantes o con toda su familia en un pequeño cuarto de la casa de un pariente.

Durante los primeros cuatro años, después de llegar a los Estados Unidos, Isabel vivió en distintos lugares de la zona de Los Ángeles. "Asistí a cuatro escuelas diferentes desde los siete hasta los once años de edad. Nuestra experiencia familiar fue la típica de todo inmigrante.

Mis padres estaban todo el día fuera de casa debido al trabajo, y yo tenía que cuidar a mis dos hermanos menores. A menudo nos quedábamos todo el día en casa solos. Nuestros padres no eran muy buenos administradores del dinero, de modo que a veces teníamos lo necesario para vivir y otras veces nos desalojaban porque no podíamos pagar el alquiler. Estuvimos viviendo dos años en un pequeño cuarto en la casa de mi tío. Mis padres, mi hermana, mi hermano y yo, todos en el mismo dormitorio".

Durante ese tiempo, que Isabel se quedaba sola para cuidar a sus hermanos, primos y abuelos, uno de los primos mayores abusó sexualmente de ella en dos ocasiones.

"Cuando, finalmente, tuve el coraje para contárselo a mis padres, lo único que conseguí fue que mis tíos y primos mayores le dieran una paliza y lo 'mandaran' de vuelta a Méjico. No hubo ninguna sesión de terapia ni consejería para mí. Debía olvidarlo todo, y eso hice… por un tiempo".

Isabel creció en condiciones extremadamente inestables. Pero también aprendió a sobreponerse y encontrar gozo en la música, las películas, la risa y la relación estrecha que tenía con su hermana y su hermano, un vínculo que continúa hasta hoy.

"A temprana edad empecé a sentir que nunca tendría una vida común y corriente, sino que estaba destinada a algo más grande que mis circunstancias. Siendo niña, no sabía qué significaba eso o de qué se trataba. Solo lo sentía. En retrospectiva, sé que era la mano de Jesús sobre mi vida".

"Cuando estaba en octavo grado, la familia descubrió que mi padre estaba teniendo una aventura amorosa con la mujer de su hermano, una tía a la que habíamos llegado a amar y considerar como una segunda madre. Mi mamá estaba embarazada de mi hermanito en ese momento. Tras meses de amenazas de separación de mis padres, un día mi papá vino a hablarme mientras me estaba preparando para ir a la escuela y me pidió que le dijera a mi madre que lo volviera a recibir. Me explicó que ella solo me escuchaba a mí, y que debía hacerlo por la familia".

"Nunca le pedí a mi madre que lo volviera a recibir, pero terminaron juntos otra vez. Nunca tuve mucha relación con mi padre. En realidad, nunca vi a mis padres como 'padres'. Era feliz de ver a mi hermana tener la relación padre-hija que yo no tenía, pero la verdad es que nunca la quise tener. Supongo que era un mecanismo de defensa para no salir lastimada".

La vida de Isabel en el hogar se volvió insoportable… entonces Dios intervino de manera drástica.

Llegó la esperanza

"Pocas personas tienen la oportunidad de ver el momento exacto cuando Dios interviene y cambia sus vidas para siempre —dijo Isabel—. Yo tuve esa oportunidad en la escuela secundaria".

Un día, cuando Isabel fue a buscar a sus hermanos a la escuela primaria, provocaron cierto "incidente", que fue informado a la vicedirectora y consejera de la escuela secundaria de Isabel, la Srta. Pérez.

La Srta. Pérez le recomendó que empezara a quedarse después de clase para realizar servicios voluntarios en la oficina de la escuela, como una forma de "compensación" por el incidente que había causado.

"La Srta. Pérez había visto pasar a muchos niños en su vida, pero poco sabía en ese momento que Dios tenía otros planes para ella… y para mí", dijo Isabel.

"Después que se terminó el período de servicio voluntario en la oficina de la escuela secundaria, seguí quedándome por mi cuenta para colaborar, tan solo porque la Srta. Pérez me encomendaba trabajo. Además, ella me escuchaba cuando le contaba los problemas que tenía en mi casa y se preocupaba de que me fuera bien en la escuela. Por lo tanto, seguí yendo a colaborar por las tardes incluso después de pasar a noveno grado. Me sentía valorada y segura allí. Sin saberlo, la Srta. Pérez se reunía con los maestros para preguntarles cómo me iba en la escuela".

"Cuando estaba en noveno grado, vi una película donde un hombre violaba a una niña y, en ese momento, se despertaron en mí todos los recuerdos reprimidos del abuso sexual que había sufrido. Durante años había reprimido esa experiencia y, de repente, estaba allí, frente a mí. Me costó mucho superarla. Entre los problemas en mi hogar, los recuerdos reprimidos que debía encarar y el esfuerzo por tener un buen desempeño escolar, sentía que me estaba volviendo *loca*".

"En décimo grado, las cosas estaban tan mal en casa que decidí escaparme. Fui a ver a la Srta. Pérez para agradecerle por toda su ayuda y luego me fui. No tenía un plan. Solo me subí a un autobús y estuve viajando toda la tarde y toda la noche. Durante todo ese tiempo, pensaba: *Yo nací para otra cosa… esta no puede ser mi vida*. Así que me bajé del autobús y regresé a casa. Finalmente, hablé con mi familia y con la Srta. Pérez sobre mis recuerdos reprimidos y toda la tensión nerviosa que vivía en mi hogar, pero mis padres negaron que sucediera algo y volvieron a hacer como si nada hubiera pasado. La Srta. Pérez trató de aconsejar a mi familia, pero mis padres eran muy orgullosos y no la escucharon ni admitieron que hubiera un problema".

"Más adelante, me volví a escapar; solo que esta vez me fui a la casa de la Srta. Pérez. Desde aquella noche, nunca volví a mi casa. Finalmente, me convertí en la hija legalmente adoptada de la Srta. Pérez. Le he agradecido muchas veces por permitir que Dios la usara para socorrerme, pero siempre me responde: 'He conocido muchos niños en todos estos años, pero tú estabas destinada a ser *mi socorro*'".

"Desde ese momento, supe que *debía haber algo más que eso* en mi vida. Estaba destinada a ser una hija de Dios. Y, el 28 de octubre de 1990, la seguridad de que había algo más en la vida que solo dolor o decepción, se hizo realidad y me llenó de esperanza y entusiasmo cuando le entregué mi vida a Jesucristo y pasé a formar parte de la familia de Dios. Es interesante ver que siempre había sentido la presencia de Dios. Pero no sabía qué significaba entregarle mi vida y convertirme en su hija".

Otra experiencia dolorosa

Cuando Isabel le entregó su vida a Cristo, su aflicción no desapareció inmediatamente.

"Quisiera decir que después de eso todo fue dicha, pero no fue así. Pasé años de mucha tristeza, durante los cuales me separaron de mis hermanos y sentía como si hubiera traicionado a mis padres. Aunque ellos eran parte de la razón de haberme ido de mi casa, me sentía indigna del amor y el cariño de mi mamá".

"Después de muchos años en el proceso de sanidad, me di cuenta de que todo lo que me había pasado era por el propósito de Dios, y quería hacer algo por aquellos que habían vivido experiencias similares. De modo que hice a un lado mis aspiraciones de ser una actriz y me convertí en una maestra, una consejera para el ministerio de escuela secundaria de mi iglesia y una mentora en un programa municipal para escuelas secundarias".

En el transcurso de todo eso, Isabel se enamoró por primera vez. Conoció a un joven en un restaurante donde trabajaba cada verano. Aunque él vivía fuera de la ciudad, cuando Isabel volvió a su casa, le dijo a la Srta. Pérez (quien en ese momento era su madre) que, aunque creía que no lo volvería a ver, había conocido al "hombre de su vida". Ambas se rieron.

Tres meses más tarde, ese joven fue a una de las reuniones del ministerio juvenil de la iglesia donde Isabel asistía. Se había mudado a la ciudad y había comenzado a asistir a su iglesia.

Estuvieron de novios durante cuatro años en una relación muy inestable. Isabel dijo: "Desde el principio, sentí que algo no estaba bien, pero yo era muy débil para cortar con él. Llena de temor, me arrodillé una noche y oré a Jesús con estas palabras: 'Si él y yo no somos el uno para el otro, te ruego que hagas que *él* corte conmigo'".

Exactamente una semana después, ese joven cortó con Isabel y le dijo que no sentía por ella el amor que esperaba sentir.

Isabel quedó destrozada, pero después se dio cuenta de que Dios había respondido su oración: "Jesús había preparado mi corazón cuando me llevó a arrodillarme y hacer esa oración en aquel momento".

Un año después, Isabel volvió a ver al joven y, en ese momento, él admitió que se había ido de la iglesia para vivir un estilo de vida homosexual.

"Me encontré con él una semana después y me contó todo sobre sus luchas y experiencias. Me dijo que quería que siguiéramos siendo amigos y que, aunque no se había enamorado de mí, me había amado más que a ninguna otra mujer. En resumen, me dijo casi todo lo que siempre había querido escuchar. Pero también sabía que no había ninguna posibilidad de tener una relación con él debido a su vida homosexual".

Después de esa conversación, Isabel se convenció más que nunca de que Dios sabía lo que estaba haciendo cuando, un año antes, había permitido la ruptura de esa relación. Aunque trató de seguir siendo amiga de ese joven, como él le pidió, se le rompía el corazón cada vez que lo escuchaba hablar de su relación con otros hombres. De modo que dejó de verlo.

"Volví a enfrentarme a la falta de confianza, pero esta vez no confiaba en mí misma. ¿Cómo pude estar saliendo con alguien tanto tiempo y no darme cuenta de nada? ¿Puede ser que haya querido algo con tanta fuerza que no pude ver la verdad?".

"Confiaba en Dios y tenía confianza de que superaría ese dolor; pero, por extraño que parezca, no confiaba en mi capacidad de juzgar el carácter de los hombres. Por mucho tiempo no salí con nadie, y aunque a menudo decía que estaba lista para volver a entregarle mi corazón a un hombre, nunca lo hacía. Durante años tuve miedo de que me volvieran a lastimar".

Ahora Isabel se da cuenta de que Jesús estaba restaurando en ella un nuevo sentido de su autoestima; un sentido dañado por las relaciones rotas que había experimentado anteriormente.

Había una razón

Hoy, a los cuarenta años, Isabel dice: "Quería estar casada y con hijos… No lo estoy".

"Quería comprar una casa con mi esposo… Me compré una casa yo sola hace dos años".

"Quería llegar a casa y que mi esposo me esperara para saber cómo me había ido el día… Llego a casa y me espera mi perro, una cena con amigas o una llamada telefónica a un miembro de mi familia".

"Quería tener a alguien con quien ir a la playa… Voy sola, con mi Biblia y un buen libro".

Aunque su vida no es la que Isabel u otros esperaban, ella mantiene la esperanza de que Dios tiene algo más para su vida y que no ha terminado con ella todavía.

"Aunque varias de mis experiencias de vida eran incomprensibles en el momento que sucedieron, Dios siempre me ha enseñado que han sucedido por una razón", dice ella.

"Parte de esa razón", afirma ella, "es que sabe quién es ella para el Creador".

"No soy Isabel, la niña inmigrante; Isabel, la víctima de abuso sexual; Isabel, el producto de una aventura matrimonial; Isabel, quien casi se casa con un homosexual; Isabel, quien tiene que hacer todo sola. ¡Soy —y sigo siendo— Isabel, la mujer que Dios está formando como *Él* desea para su reino!".

"Creo firmemente que todo lo que me pasó en la vida fue para un propósito divino, y que ese propósito es que Dios pueda usarme", dice ella.

Isabel admite que a veces se siente sola.

"Quiero más que nunca compartir mi vida con un hombre, encontrar a mi mejor amigo y envejecer junto a él; pero estoy aprendiendo que la soledad es parte de la vida, ya sea de casada o soltera. Estoy aprendiendo que parte de este proceso es prepararme para el siguiente propósito de Dios en mi vida".

Isabel dijo que no siente la tentación de conformarse con cualquier hombre llegado el momento. "Me merezco más que 'cualquier hombre'. Recuerdo que, cuando era joven, Dios me dijo que *estaba destinada a más que esto*, y eso incluye mi relación con un hombre. ¿Cómo es posible que Dios me haya ayudado a superar todo lo que viví y no creer que Él tiene lo mejor para mí?".

"No sé si alguna vez me voy a casar, y el solo hecho de decirlo me asusta porque quiero casarme. Pero nunca hice cosas porque 'la mayoría lo hace'. Pude haberme casado con uno de los varios hombres con quienes formé pareja. Pude haber tenido un hijo, porque la sociedad dice que ya debería haberlo tenido. Podría haber tenido relaciones sexuales promiscuas, simplemente porque tuve oportunidades de hacerlo. Y podría haber caído en la tentación de deprimirme o desalentarme a veces, porque no tengo ninguna de las cosas que acabo de mencionar. Pero *decido* confiar que Dios todavía tiene un propósito y un plan para mí".

"Estoy aprendiendo que la vida es más que esperar que llegue el día que tenga aquello que deseo, incluso un esposo e hijos. Es ver la vida y aprovechar al máximo lo que *ya* tengo".

El propósito

Isabel no es la única mujer que experimentó ciertas cosas en la vida por una razón. Ella no es un caso especial, que Dios escogió porque simpatiza más con ella que contigo o conmigo. Isabel es solo un ejemplo de una mujer que *decide* ver la mano de Dios y sus propósitos para su vida. Ella *decide* creer que todo lo que Él está haciendo en su vida es para bien. Y tú también puedes decidirte a ser una mujer que vea a Dios obrar en *tu* vida

Detente a pensar por un momento conmigo y a ver la obra evidente de la mano providencial de Dios en la vida de Isabel:

Su dolor	El propósito de Dios
Tuvo una niñez dolorosa.	Ahora siente compasión por los niños que sufren.
No tenía a dónde ir y una mentora la alojó.	Ahora es mentora de muchachas que no tienen a dónde ir.
Fue víctima de abuso sexual.	Ahora aconseja a otras víctimas de abuso sexual.
No pudo casarse con el hombre que quería.	Ahora sabe esperar lo mejor de Dios para ella.

¿Puedes ver en la vida de Isabel el plan intrincadamente diseñado de la bondad de un Dios soberano y omnisciente? Lo que podría haber visto como un castigo de Dios, en cambio, lo ve como la provisión de Dios. Lo que podría haber visto como un motivo para amargarse, hoy lo ve como una bendición. Así es cómo encuentras un propósito en tu sufrimiento.

A veces pensamos en las circunstancias dolorosas que vivimos y llegamos a la conclusión de que nuestra vida no tiene control. Sin embargo, ese podría ser el momento preciso cuando Dios *está tomando* el control y disponiendo nuestras circunstancias para bien.

La Biblia dice en Romanos 8:28-29:

> Y sabemos que a los que aman a Dios, todas las cosas les ayudan a bien, esto es, a los que conforme a su propósito son llamados. Porque a los que antes conoció, también los predestinó para que fuesen hechos conformes a la imagen de su Hijo.

Este pasaje dice dos cosas sobre el propósito y el plan de Dios para nuestra vida:

1. Dios puede tomar *todas* las cosas —incluso las dolorosas, las que no imaginábamos o esperábamos— y transformarlas en algo realmente bueno en nuestra vida.
2. La intención de Dios es hacernos más semejantes a su Hijo Jesús, para que podamos pensar, hablar y actuar como Él. Eso significa que Dios quiere usar cualquier cosa que te suceda en la vida —todo aquello que te haya hecho

sufrir— para hacerte más semejante a su Hijo. ¿Estás dispuesta a ser moldeada y formada para ser más semejante a Cristo?

En su amada obra clásica, *En pos de lo supremo*, Oswald Chambers escribió:

> A medida que crecemos en la vida cristiana, esta se vuelve más sencilla porque nos sentimos menos inclinados a decir: "Me pregunto por qué permitiría Dios esto o aquello", e inmediatamente nos damos cuenta de que, detrás de todo, se encuentra su propósito que nos constriñe.[1]

En Jeremías 18:1-6 obtenemos una mejor comprensión de qué somos en las manos de nuestro Dios soberano. En este pasaje, Dios le pidió al profeta Jeremías que fuera a ver a un alfarero trabajar en el torno y que aprendiera una lección sobre la autoridad de Dios de formar a sus hijos como Él quiere:

> El Señor le dio otro mensaje a Jeremías: "Baja al taller del alfarero y allí te hablaré". Así que hice lo que me dijo y encontré al alfarero trabajando en el torno; pero la vasija que estaba formando no resultó como él esperaba, así que la aplastó y comenzó de nuevo. Después el Señor me dio este mensaje: "¡Oh, Israel! ¿No puedo hacer contigo lo mismo que hizo el alfarero con el barro? De la misma manera que el barro está en manos del alfarero, así estás en mis manos" (NTV).

Básicamente, Dios está diciendo: "Así como el alfarero tiene autoridad absoluta sobre la forma que le quiere dar a la arcilla, de igual modo el Señor tiene el poder de hacer lo que quiera con sus hijos".

¿Tiene Dios el derecho de hacer contigo y conmigo lo que le plazca? Sí. ¿Aunque eso signifique interferir en nuestros planes? Absoluta-

---

1. Oswald Chambers, *En pos de lo supremo*, edición revisada (Barcelona: Editorial Clie, 1993), 5 de agosto.

mente. ¿Aunque eso signifique permitir cierto sufrimiento en nuestra vida, que nos forme y nos haga crecer? Parece que sí. Pero la buena noticia es esta: las obras de Dios son perfectas. Él nunca se equivoca.[2]

En el relato de la vida de José, que se encuentra en el Antiguo Testamento, encontramos un excelente ejemplo de la manera en que los propósitos de Dios pueden obrar para bien. Si le preguntaras a José cómo le fue en la niñez, podría decirte: "Me crié en una familia terriblemente disfuncional. De hecho, todos mis hermanos me odiaban. Debido a ese odio, me vendieron como esclavo. Después, más adelante, me acusaron de haber hecho algo malo y me metieron en la cárcel durante más de dos años. ¡Mi vida fue un verdadero desastre!".

Sin embargo, José nunca describió su vida de esa manera. Nunca acusó a sus hermanos o empezó a quejarse y a preguntarse dónde estaba Dios. En cambio, desde un trono del palacio, José resumió su vida con palabras de reconocimiento por la providencia y la bondad de Dios. Lo que tú y yo consideraríamos un desastre fue una obra maestra. Dios había dispuesto las circunstancias negativas y había orquestado divinamente sus propósitos no solo para la vida de José, sino también para la vida de todo un pueblo.

El proceso en la vida de José

Al igual que Isabel, José supo desde un principio que Dios tenía planes para él. Con diez hermanos mayores, José resultó ser el hijo preferido de su padre Jacob. Eso hizo que los hermanos tuvieran celos de él y lo odiaran. Su padre le había mandado hacer una túnica de vivos colores, pero no para sus hermanos; José era el hijo mimado de Jacob. El sentimiento de odio y envidia de sus hermanos se agravó cuando, un día, José les contó un sueño profético que había tenido; uno donde los hermanos (incluso sus padres) se inclinaban ante él. (¿Puedes imaginar el atrevimiento que tuvo al contarles ese sueño a sus hermanos mayores?).

Al parecer, para sus hermanos ese sueño fue la gota que colmó el vaso. Entonces tramaron deshacerse de él de una vez por todas. En una

---

2. Deuteronomio 32:4 (NVI) nos consuela con esta certidumbre: "Él es la Roca, sus obras son perfectas, y todos sus caminos son justos. Dios es fiel; no practica la injusticia. Él es recto y justo".

tierra lejos del hogar, arrojaron a José a un pozo, lo vendieron como esclavo y después inventaron una historia sobre la desaparición de José para contarle a su padre. Mancharon su túnica de vivos colores con sangre de cabra y le mostraron la túnica a Jacob, para que así concluyera que un animal salvaje había matado a su hijo favorito.

A excepción de Jacob, que creyó que José estaba muerto, nadie extrañó a José después de venderlo como esclavo y que terminara en Egipto. Pero Dios estaba con él. José halló gracia delante de un hombre llamado Potifar, que era un oficial del faraón. Cuando Potifar vio que José prosperaba en todo lo que hacía, lo puso a cargo de todas sus posesiones. José gobernaba la casa y las propiedades de ese oficial con eficiencia e integridad, y el Señor bendecía todo lo que hacía.

Mientras tanto, la esposa de Potifar, que se sentía profundamente atraída por José, lo acosaba sexualmente día tras día. Él siempre se negaba hasta que, finalmente, le dijo que nunca podría acostarse con ella, por una cuestión de lealtad a su amo y a Dios. ¡Furiosa, la esposa de Potifar le tendió una trampa e hizo que lo arrestaran por querer violarla! José terminó otra vez en la cárcel tan solo por hacer *lo correcto*. ¡Qué mala suerte!

Cuando José estaba en la cárcel, un día interpretó los sueños del copero y del panadero. Ambos hombres habían servido al faraón, pero después los arrestaron y los metieron en la cárcel. El copero le había prometido a José que, cuando saliera, lo recomendaría por su capacidad de interpretar sueños. Pero después que lo liberaron, se olvidó de la promesa.

José permaneció en la cárcel dos años más. Un día, el faraón tuvo un sueño y ninguno de los magos y adivinos de Egipto pudo interpretarlo. Entonces, el copero recordó a José, y le contó al faraón sobre su capacidad de interpretar sueños. El faraón mandó llamar a José y estuvo tan complacido con la interpretación de su sueño que lo puso a cargo de todo Egipto, en segundo rango de autoridad después de él. Finalmente, debido a su trabajo en la supervisión del suministro de granos de Egipto y a su posición de autoridad como gobernador, José pudo salvar la vida de su padre, sus hermanos y sus familias, y muchos otros que, de otra manera, se hubieran muerto de hambre en Canaán.

Ahora bien, nada de eso hubiera sido posible si no lo hubieran vendido como esclavo y no lo hubieran metido en la cárcel. José padeció años de injusticia y sufrimiento físico y real, además del estrés emocional inevitable producido por su injusto encarcelamiento. Sin embargo, de manera secreta, Dios estaba llevando a cabo un plan extraordinario para colocar a José en un lugar mucho más importante del que hubiera tenido si nunca hubiera dejado su tierra natal.

Y el legado de José —además de salvar la vida de miles de personas— quedó resumido en lo que les dijo a sus hermanos, años después, cuando volvieron a encontrarse cara a cara: "Vosotros pensasteis mal contra mí, mas Dios lo encaminó a bien, para hacer lo que vemos hoy, para mantener en vida a mucho pueblo" (Gn. 50:20). En vez de estar resentido por lo que le habían hecho, reconoció que Dios había usado la mala acción de sus hermanos, motivada por los celos y la ira, para que su vida sirviera para un propósito mucho mayor. José entendió que en su vida lo más importante no era su dicha, sino el plan de Dios.[3] (Regresaremos a esta historia en el capítulo 8, cuando veamos en detalle el corazón de José al perdonar a quienes le habían hecho sufrir).

Ya sea que alguien te haya causado dolor de manera directa o que hayas sufrido de manera indirecta, Dios puede usar *tu* dolor para bien. ¿Es posible que esté formando tu carácter en medio de tu dolor y que además te esté preparando para un propósito más grande?

Cuando es difícil entender

A veces nos cuesta creer que haya un propósito más grande en nuestro dolor, porque no podemos ver ese propósito ni imaginar cuál podría ser. Pero nuestra incapacidad de ver o imaginar lo que Dios tiene en mente no significa que Él no esté obrando en nuestra situación.

José no podía ver ningún rayo de esperanza desde la celda de una prisión. No podía verse como alguien importante mientras estaba trabajando como un esclavo. Pero Dios vio su fidelidad en cada situación que vivió. Y mientras José esperaba en Dios y confiaba en Él, finalmente su recompensa llegó.

Mi amiga Cristal no podía ver lo "bueno" en la infidelidad de su esposo cuando apenas llevaban dos años de matrimonio. Se había casado con el hombre que pensaba que Dios quería para ella (aunque ahora, al mirar atrás, reconoce algunas señales de advertencia que

---

3. Esta historia se encuentra en Génesis 37, 39—50.

ignoró al comienzo de su relación). Ella esperaba haber tenido hijos con él y una vida feliz. En cambio, se había divorciado, no tenía hijos y estaba disconforme con su vida. Los primeros años, solo veía lo que estaba sufriendo como resultado del pecado de su ex esposo. Pero, finalmente, cuando Dios trabajó en el corazón de Cristal de tal manera que solo tuviera satisfacción en Él, hizo de ella una madre de dos hermosas hijas adoptadas; hijas que nunca hubiera conocido si su matrimonio original no se hubiera terminado.

Ahora bien, Dios no *provocó* que su esposo le fuera infiel, pero lo encaminó para su bien. Hoy, Cristal te puede decir que tiene una vida plena y completa con Cristo y sus bendiciones. Y los recuerdos, una vez dolorosos, de su esposo infiel ahora son parte de un pasado ya olvidado.

El Salmo 30:5 (NTV) declara: "El llanto podrá durar toda la noche, pero con la mañana llega la alegría". Si todavía estás viviendo lo que parece una noche larga y oscura, la alegría *llegará* tan cierta como la mañana. En ese versículo de las Escrituras, Dios nos promete que la alegría, al igual que la mañana, es inevitable cuando le entregas tu dolor a Él.

A mí también me costó entender una situación difícil que Dios permitió en mi vida. No podía comprender que el divorcio de mis padres —cuando yo tenía diecinueve años— pudiera ser para mi bien o para el bien de otros. Debido a que crecí en la iglesia, y mis padres eran creyentes y servían en el ministerio, nunca imaginé que mi familia se desintegraría por los efectos del alcoholismo y años de problemas no resueltos. Una mañana de verano, en un campamento cristiano donde estaba colaborando voluntariamente como consejera de jóvenes, me senté sobre una enorme roca y le presenté mi inquietud a Dios hasta que Él me habló con claridad a través de su Palabra:

> Porque mis pensamientos no son vuestros pensamientos, ni vuestros caminos mis caminos, dijo Jehová. Como son más altos los cielos que la tierra, así son mis caminos más altos que vuestros caminos, y mis pensamientos más que vuestros pensamientos (Is. 55:8-9).

Nunca antes la Palabra de Dios había hablado a lo profundo de mi corazón de manera tan clara. Me estaba negando a creer algo, porque no lo podía comprender. Y Dios me estaba recalcando, a través de esos versículos de Isaías, que el solo hecho de no entender lo que estaba sucediendo no le impedía a Él encaminar *todo* para mi bien.

Básicamente, Dios me estaba diciendo: "Tengo mis razones por haber permitido eso. Y no es esencial que tú lo entiendas. Solo es esencial que *confíes en mí*".

Hoy, hace casi treinta años que mis padres se divorciaron. Aunque todavía no lo entiendo, puedo decirte sinceramente que Dios lo ha usado para el bien de todos nosotros, incluso para el de mi padre, que entró de inmediato en un programa de recuperación para alcohólicos y, además de permanecer sobrio durante casi treinta años, tiene un eficaz ministerio para la recuperación de alcohólicos. Aquel día, sentada sobre la roca, fue un momento de cambio en mi vida porque aprendí a entregarle a Dios lo que no entendía. La lección de ese día me ha ayudado a superar muchas experiencias en mi vida desde entonces. Dios no *provocó* el divorcio de mis padres; así como no *provocó* el sufrimiento en *tu* vida. Pero lo usó para el bien de mi vida y la vida de otros miembros de mi familia.

¿Y tú?

¿Qué sufrimiento en tu vida te cuesta entender? ¿Una infancia triste? ¿Una ruptura dolorosa? ¿La infidelidad de tu esposo? ¿La incapacidad de tener hijos? ¿La pérdida de una amiga o de un empleo? ¿El ataque de una enfermedad o discapacidad? No es esencial que entiendas *por qué* estás sufriendo. Sin embargo, *es* esencial que *confíes* en Aquel que, por amor, está permitiendo el dolor. Si confías en la bondad, el amor y el propósito de Dios, que va más allá de lo que te está sucediendo, podrás crecer y transformarte en la mujer que Él está formando en ti.

A través de nuestras luchas somos fortalecidas, a través de nuestro dolor somos pulidas, y a través de nuestras dificultades podemos descubrir una intimidad más profunda con Dios. Eso mismo es lo bueno que Dios puede sacar de nuestro sufrimiento en la vida. Y a veces no podemos ver esos beneficios en el momento. La fortaleza y una intimidad más profunda con Dios son características que a veces no vemos en absoluto. Pero los demás sí. Y cuando aquellos que nos rodean ven los beneficios de nuestro dolor, podemos mirar atrás y decir: "¡Ajá! Después de todo, Dios *sí* sabía lo que estaba haciendo".

¿Puedes confiar que todo lo que Dios ha permitido en tu vida hasta ahora está contribuyendo a un propósito superior y al designio divino de formarte a la imagen de Cristo?

Como ha expresado un escritor:

> Ya que el pecado, la aflicción y el sufrimiento *existen*, no nos corresponde a nosotros decir que Dios se ha equivocado al permitirlos.
>
> La aflicción quema una gran cantidad de superficialidad en una persona, pero no siempre la hace mejor. El sufrimiento me edifica o me destruye. No puedes conocerte en el éxito, porque el orgullo te hace perder la cabeza; tampoco en la monotonía de tu vida diaria, porque esta hace que te quejes. La única forma de conocerte es durante el fuego de la aflicción. Por qué debe ser así es otro asunto. Se trata de un hecho que es verdad tanto en las Escrituras como en la experiencia humana.[4]

Cuando sufres en tu vida, no es porque eres insignificante y Dios no te tiene en cuenta. No, amiga mía, todo lo contrario. Antes bien, Él tiene grandes planes para hacer a través de ti.

Desearía poder decir que mi dificultad para entender lo que Dios ha permitido en mi vida se ha limitado a la experiencia que tuve sobre esa roca cuando tenía diecinueve años. Pero varias veces, a lo largo de mi vida, me he cuestionado con respecto a lo que creo que hubiera sido mejor para mí en lugar de lo que Dios ha permitido. Hace poco volví a pasar por la misma experiencia. Estaba pensando en un aspecto de mi vida, que no era el que esperaba, y llegué a decir: "Dios, dejaría este ministerio y todo lo que hago hoy si pudiera tener *eso que siempre quise*".

Aun, mientras decía esas palabras, me di cuenta de cuán egoístas eran. La intención de Dios para mi vida no es solo que sea feliz; sino que sea santa. No se trata ni siquiera de mi propósito o realización, sino de su gloria. Dios desea que dependa de Él por completo y que reconozca que no soy nada ni puedo hacer nada por mí misma. Y Él sabe que la única manera de que eso suceda es que siga dependiendo de Él en *eso*

---

4. Chambers, *En pos de lo supremo*, 25 de junio.

que siempre quise y le pedí en oración. Dios tiene propósitos que son mucho más altos que los míos. Y, sinceramente, cuando pienso en esa oración insensata, estoy muy agradecida de que Él los tenga.

Esa lección que aprendí hace casi treinta años, sentada sobre la roca, volvió a mi mente como si Dios estuviera reiterándome Isaías 55:8: "Cindi, si con una pequeña medida de dolor en tu vida puedo ayudarte a conocerme mejor y luego hacer que se lo cuentes a muchas otras personas, ¿no te parece que habrá valido la pena? ¿Vives para tu propia realización o para cumplir mis propósitos? *Porque mis pensamientos no son vuestros pensamientos, ni vuestros caminos mis caminos*".

Humildemente, admití que Dios puede lograr mucho más con una pequeña medida de dolor, que con toda una vida llena de felicidad.

Ríndete a Él

No se trata realmente de mí… o de ti; sino de lo que decida hacer el soberano Dios del universo con una mujer que le diga: "que no se haga mi voluntad, sino la tuya. No mi bienestar, sino tu causa. No mi codicia, sino tu bondad. No mis deseos, sino tu gozo".

¿Puedes ser una mujer que diga estas palabras, aun en medio del dolor que todavía podría persistir en tu corazón? ¿Puedes decirle "no mis planes, sino los tuyos, aunque me duela"?

Tal vez estés pensando: *No, Cindi, no pienso que pueda decirlo en este momento. El dolor es demasiado profundo y no quiero que me duela más.* Si ese es el caso, amiga mía, Jesús te entiende. Porque Él también conoce la experiencia de un profundo dolor y sufrimiento.

Momentos antes que lo arrestaran y lo ejecutaran, Jesús luchaba en oración con su Padre y decía: "'¡Padre mío! *Si es posible, que pase de mí esta copa de sufrimiento.* Sin embargo, quiero que se haga tu voluntad, no la mía'… Entonces Jesús los dejó por segunda vez y oró: '¡Padre mío! Si no es posible que pase esta copa a menos que yo la beba, entonces hágase tu voluntad'" (Mt. 26:39, 42, ntv). Jesús estaba diciendo: "Padre, si hay *alguna otra manera* de liberar al ser humano del pecado, no permitas que pase por esto". Sin embargo, después de ese pedido humano tuvo un piadoso acto de obediencia y rendición al decir: "Hágase tu voluntad".

Jesús estaba pidiendo que, si era posible, Dios lo librara de la muerte en la cruz. Sin embargo, también sabía que su muerte inminente era la provisión de Dios para la reconciliación de los pecados de la humanidad. Él sabía que rendirse a la voluntad de su Padre traería el perdón de los pecados a cada persona que tuviera fe en Jesucristo y lo aceptara como su Salvador. A fin de cuentas, Jesús deseaba agradar a su Padre, no salvar su propio pellejo.

Esa es la parte que realmente convenció mi corazón. Cada vez que he tratado de evitar el dolor o la pérdida de algo, mi vida no corría peligro. Sin embargo, Jesús estaba enfrentando la muerte cuando oró y dijo: "Quiero que se haga tu voluntad, no la mía". Jesús reconocía que su sufrimiento y su muerte traerían la reconciliación entre Dios y la humanidad. Sabía que la eternidad, literalmente, estaba en juego.

Sin embargo, cuando yo oro: "Dios, te ruego que me libres de esto", ¿quién soy yo para pensar que la eternidad no está en juego? La eternidad de alguien podría ser lo que corra peligro cuando tú o yo queremos evitar el dolor que Dios intenta usar en nuestra vida para tocar, sanar, consolar o ministrar a otra persona.

¡Cuántas veces quiero evitar mis propias lágrimas, mi propia incomodidad, mi propio orgullo o mi vergüenza en lugar de rendir mi vida entera para que Dios lleve a cabo sus propósitos!

Dios bien puede llevar a cabo sus propósitos sin nosotras... pero Él quiere que nos rindamos voluntariamente a Él para que podamos participar de lo que Él quiere lograr en y a través de nuestra vida. Así es como puedes ser partícipe voluntaria de los planes y propósitos que Él tiene para ti:

1. Da gracias a Dios en medio de tus circunstancias

En 1 Tesalonicenses 5:18 (NVI) dice: "den gracias a Dios en toda situación, porque esta es su voluntad para ustedes en Cristo Jesús". La voluntad de Dios —su propósito para ti— es que des gracias en *todas* las cosas... incluso en aquellas que todavía te duelen. Poder decir: "Gracias, Dios, aunque no lo entiendo" es un acto de obediencia y un ejercicio de fe. Y no hay una mejor manera de agradar a Dios, que por medio de tu obediencia y fe.[5] ¿Puedes dar este enorme paso de rendición ahora mismo y darle gracias por cada momento doloroso

---

5. En 1 Samuel 15:22 dice: "el obedecer es mejor que los sacrificios" y Hebreos 11:6 nos dice que "sin fe es imposible agradar a Dios".

que has atravesado, no porque te *sientes* agradecida, sino porque Dios te manda hacerlo?

2. Dile a Dios que estás dispuesta a crecer

Es maduro el creyente que reconoce de inmediato que los momentos de adversidad y dolor son una oportunidad de acercarse más a Dios y aprender las lecciones que Él quiere enseñarle. Cuando le dices que estás dispuesta a crecer, estás siendo dócil a la enseñanza con un corazón abierto a lo que Él quiere que aprendas. No todas las situaciones dolorosas de tu vida ocurren porque Dios quiere *enseñarte* algo, pero, sin duda alguna, Él puede *obrar* en cualquier situación dolorosa de tal modo que sirva para algo. Presta atención a la lección, si la hay, para no perderte la enseñanza. Y mantén un corazón blando, que sea moldeable a su mano.

3. Confía en el proceso

Esta es una frase que mi pastor y esposo me ha dicho desde los primeros años de nuestro matrimonio. Y a menudo lo escucho cuando se la repite a otros. Al parecer, José confió en el proceso porque permitió que Dios lo usara en cada situación que estaba viviendo, no importaba cuán dolorosa fuera. Después que lo vendieron como esclavo a Potifar, trabajó duro y se ganó el respeto de él, quien lo puso a cargo de toda su casa, la cual administró bien. Después, cuando lo metieron en la cárcel tras ser acusado falsamente, se ganó la confianza del guardia de la prisión, quien le dio autoridad para supervisar a todos los demás presos (Gn. 39:1-6, 19-23). Es probable que José no tuviera idea de que Dios lo estaba preparando para gobernar sobre todo Egipto cuando lo entrenó para gobernar sobre la casa y los criados de un hombre y luego sobre toda una prisión. Aunque en este momento no puedas ver nada bueno en tu situación, confía en el proceso que Dios está permitiendo que atravieses y que te preparará para algo más grande en el futuro.

Nuestra simple ofrenda

Así como Isabel sigue creyendo que nació para algo más, tú también lo puedes creer. Tal vez tu vida no es como la imaginabas, pero es exactamente como tu Padre celestial sabía que sería, y Él está esperando que le rindas tu voluntad y tus heridas y que le digas: "Mi vida entera es tuya". Cuando dices: "Quiero que se haga tu voluntad, no la mía", estás reconociendo que Dios tiene el control de tu vida y que estás en sus manos. Y, aunque ahora no lo parezca, no hay mejor lugar donde puedas estar.

> ## PASO #1 *Hacia la sanidad y la plenitud*
> Comprende que tu dolor tiene una razón y un propósito,
> y que los propósitos de Dios son mucho más
> grandes y mejores que los tuyos.
>
>

DEJA QUE COMIENCE LA SANIDAD

Aquí decidirás si solo seguirás leyendo o permitirás que Dios sane tu corazón a través de las preguntas y los ejercicios que se encuentran al final de cada capítulo. Sé que necesitas un corazón sano. Entonces, deja que comience la sanidad.

1. Trata de completar un gráfico como el de la página 24, donde consideramos el sufrimiento y los posibles propósitos de Dios en la vida de Isabel. En la columna de la izquierda, enumera las heridas que todavía te duelen. En la columna de la derecha, escribe una breve oración donde reconozcas que Dios conoce tus heridas y donde le pidas que las use para tu bien. En el capítulo 10, te pediremos que vuelvas a hacer un gráfico como este y que lo completes con el propósito que crees que Dios te podría estar mostrando para cada una de tus heridas. Pero, por ahora, solo dale gracias por esto. Me adelanté y completé la primera parte para que pudieras ver cómo es.

Dolor	Alabanza
Mis padres se divorciaron cuando yo tenía diecinueve años.	Te doy gracias porque tú lo sabes todo y no te tomó por sorpresa. Gracias porque durante ese tiempo me acerqué más a ti y aprendí a depender más de ti que de mis padres o mis circunstancias. Te doy gracias porque usaste eso como un momento de confirmación y crecimiento en mi relación contigo.

Ahora inténtalo tú:

Tu dolor	Tu ofrenda de alabanza

2. Busca los siguientes pasajes bíblicos y junto a cada referencia escribe una respuesta en oración a Aquel que todo lo sabe y que, incluso ahora, está obrando en y a través de tu vida.

Jeremías 29:11:

Romanos 8:28-29:

2 Corintios 4:17-18:

3. La Biblia enumera en Gálatas 5:22-23 las características (o "fruto") de una persona controlada por el Espíritu de Dios y no por su sufrimiento. Enumera estas características abajo y encierra con un círculo aquellas que has desarrollado —o estás desarrollando en este momento— por medio del dolor que has experimentado. También sería bueno que explicaras cómo se está manifestando en tu vida esa característica como una confirmación de que estás desarrollando esa cualidad.

4. Fíjate en las características que has marcado arriba. Ahora vuelve a leer Romanos 8:28-29 y observa en particular el versículo 29. Escribe en el espacio de abajo una oración de agradecimiento en respuesta a lo que escribiste arriba y cómo Dios podría *ya* estar usando tus heridas para bien y para formarte a imagen de su Hijo.

Una oración de entrega

Señor, te traigo las heridas de mi corazón y las pongo a tus pies. Esto no es lo que yo esperaba o quería en mi vida, pero reconozco que no me corresponde a mí tener el control y dirección de mi vida. Tú eres el Alfarero y yo soy una masa de arcilla en tus manos. Tú tienes tus razones, designios y propósitos. Aunque no entienda las razones, confío que tú obrarás y usarás estas heridas para hacer algo precioso en mi vida. Todavía no entiendo el propósito que puede haber en este dolor, pero sé que tú eres un Dios que harás lo que te plazca, y a ti te place hacerme más semejante a tu Hijo. Confiaré en el proceso. Y confiaré en ti.

2

¿Por qué tuve que sufrir tanto?
Renueva tu concepto de Dios

Sandra habla de la dulce comunión que tiene hoy con Dios con un brillo en sus ojos. Y por la sonrisa y serenidad de su rostro, nadie podría imaginar las cicatrices que han marcado su corazón durante años.

Desde que tiene uso de razón, Sandra se sintió sin amor y despreciada y, asimismo, que la usaban. Como una víctima de abuso sexual e incesto en plena infancia, le dijeron que a las niñas "malas" les sucedían cosas malas. No tiene ninguna fotografía de cuando era bebé, nunca experimentó un vínculo emocional con su madre y no tiene ningún recuerdo feliz de su infancia. Durante años, todo lo que conoció fue el terror y la vergüenza, que la acompañaron y persiguieron hasta su adultez.

Cuando Sandra tenía tan solo un año, su madre dejó la llave de gas de la casa abierta para tratar de quitarse la vida junto a ella. Después de eso, internaron a su madre en un instituto psiquiátrico y nunca le dieron el alta. Durante los primeros seis años de su vida, Sandra estuvo en un programa social de cuidados adoptivos y creció con el pensamiento de que "enfermaba" o volvía locos a los demás.

En lugar de brindarle refugio, los hogares adoptivos solo le causaron más sufrimiento. "Me ataban a las sillas con cinta adhesiva, me amenazaban con cuchillos en la garganta, incluso me apuntaron una vez con un arma en mi cabeza", recuerda Sandra. A los seis años presenció un asesinato en el hogar donde estaba albergada y le dijeron, a punta de pistola, que nunca hablara de eso o estaría muerta como el hombre que había visto sin vida sobre el piso.

Sandra sufrió por dentro ese horrible incidente y trató de seguir adelante.

Cuando cumplió siete años, empezó a vivir con su padre, un hombre enfermo y dominante, que también era drogadicto y abusó de ella física y sexualmente. Sandra luchaba entre la necesidad de amor de su padre y no querer que la lastimara. Cuando ella le permitía acercarse físicamente, era porque pensaba que se trataba de una manifestación de afecto. Pero después él se resentía con ella y la trataba con crueldad. De modo que estaba constantemente herida y desconcertada.

Cuando Sandra cumplió quince años, su padre contrajo cáncer de colon y el abuso sexual terminó. Al cabo de cuatro años, su padre murió, pero poco antes, al ser manipulador, le había dicho que cuando él muriera, sería mejor que ella se quitara la vida porque nadie la iba a querer o amar jamás.

Dos años después de la muerte de su padre, Sandra se casó con el primer hombre que le dijo que la "amaba" y repitió el mismo patrón disfuncional que había aprendido desde su niñez. "Apenas me dijo que me amaba, yo le creí", comentó ella.

Pero Sandra no tenía idea de lo que era el amor. Todo lo que ella conocía era lo que había interpretado como "amor" de un padre distante.

Sandra tuvo dos hijos con su esposo y soportó una turbulenta relación que duró veinte años. Después, a los treinta y cinco años, enfermó gravemente. Les llevó cuatro años a los médicos determinar que padecía una extraña forma de cáncer; pero, cuando al fin lo diagnosticaron, ya era demasiado tarde para tratar. Cuando le dijeron que le quedaba poco tiempo de vida, en realidad, sintió alivio. "Creía que iba a morir y recuerdo haber pensado: *Bien, finalmente, me iré de este mundo y dejaré de sufrir*". Pero el cáncer no le quitó la vida. Sandra recuerda que en ese momento pensaba que todas las personas iban al cielo cuando morían, pero dado que ella era tan "mala" —como siempre le habían dicho—, no podía ir al cielo; por eso, ni siquiera podía morirse.

Poco después de su diagnóstico, Sandra y su esposo se divorciaron. Ella se quedó sola, a cargo de sus hijos, sin salud, sin trabajo y sin hogar. Después empezó a recordar todas las cosas horribles que le habían sucedido durante su niñez. Diagnosticada con trastorno de estrés postraumático (PTSD, por sus siglas en inglés) —además de cáncer—, el abuso sexual de su niñez le pegó "como una metralla… y el proyectil quedó adentro".

Sandra padeció casi siete años de PTSD mientras trataba de recuperarse. Para entonces, sus hijas eran adolescentes. Trabajaba de ocho a cinco y, después del trabajo si sus hijas se lo permitían, conducía hasta un parque, se quedaba sentada en su auto, escuchaba música cristiana y se desahogaba a gritos.

"Durante el día podía vivir como si nada me hubiera pasado, porque estaba ocupada. Pero, al final del día, esa realidad me atormentaba".

En un intento de procesar lo que le había sucedido en su niñez, empezó a escribir un diario personal y a registrar los hechos, sus sentimientos y oraciones que podía recordar. En aquel tiempo, fue al departamento de policía y le informó a un oficial todo lo que recordaba del asesinato que había presenciado cuando era niña. Sandra le rogó al investigador que le dijera que había perdido la razón y que el incidente nunca había sucedido; en cambio, le dijo que su testimonio era el de un testigo creíble. El caso se archivó como un misterio sin resolver.

Fue en ese tiempo también cuando Sandra tuvo que corregir su concepto de Dios. Ella siempre había "creído" que Dios existía, pero era el dios de *su* imaginación, no como realmente es. Ella creía que era cruel, manipulador y dominante, como su padre.

"Siempre supe que Dios existía, pero no sabía *quién* era. En mi cabeza, el Dios que conocí de niña era tan horrible como mi padre, tan horrible como el incesto y el dolor que había soportado. De alguna manera, Dios había tomado forma humana y esa era la única forma humana con la que podía relacionarme: un padre iracundo y abusivo".

"Tenía una relación de amor-odio con Dios. Quería que me ayudara, pero lo veía como un Dios malo y cruel, que me miraba con desprecio y me acusaba. Tenía mucha fe, pero también tenía mucha ira. En la vida cotidiana no había una relación entre lo que creía de Dios y cómo era Él".

Descubre la verdad sobre Dios

Un día, Sandra estaba tan enojada por todo lo que había sufrido en la vida y porque pensaba que Dios la estaba castigando, que destruyó en pedazos una Biblia, la colocó en una caja y se la llevó a un pastor, y le dijo: "¡Esto es lo que pienso de su Dios!". Ella pensaba que el dios en quien ella creía era el mismo Dios de las Escrituras.

Por la gracia de Dios, ese pastor respondió a Sandra con mucha bondad. Le mostró ejemplos de toda la Biblia —en los Salmos, en el libro de Job y en las cartas del apóstol Pablo— de personas que habían sufrido gran parte de su vida, sin embargo, no habían perdido la fe y la confianza en Dios. También le contó su historia personal de calamidad y dolor y cómo se había aferrado a Jesús en esos momentos de su vida. Le explicó que el dolor es parte de la vida, a causa del pecado que existe en este mundo; pero que Dios no es el culpable de lo que nos pasa, sino Aquel a quien podemos aferrarnos a pesar de ello.

Sandra respondió al pastor y le dijo: "Tengo que salir de aquí creyendo con toda mi alma que *tu* Dios es bueno y que el mío no es real".

Sandra dijo que el cambio en su manera de pensar —y en su manera de vivir— se produjo cuando ese día decidió creer que Dios era bueno. "Así que empecé a imaginar la clase de Dios con el que quería que mis hijas vivieran cuando fueran al cielo. Tenía que creer en un Dios muy diferente del que pensaba que era".

¿Puedes imaginar el alivio y el gozo de Sandra cuando se dio cuenta, a través de la Biblia, que todo lo que originalmente había creído de Dios —lleno de amor, compasión, bondad, misericordia y perdón— en realidad era verdad? Al leer la Palabra de Dios, Sandra empezó a descubrir la verdad acerca de Él:

- Él no era un dios que la consideraba "mala" y la odiaba; sino el Dios que decía en su Palabra: "Con amor eterno *te he amado*; por tanto, te prolongué mi misericordia" (Jer. 31:3).

- Él no era un dios que la acusaba y quería castigarla; sino el Dios que decía en su Palabra: "Pues yo sé los planes que tengo para ustedes —dice el SEÑOR—. Son planes para lo *bueno* y no para lo malo, para darles un *futuro* y una *esperanza*" (Jer. 29:11, NTV).

- Él no era un dios que quería castigarla; sino el Dios que no quiere "que ninguno perezca, sino que todos procedan al arrepentimiento" (2 P. 3:9).

- Él no era un dios que quería que ella sufriera por sus propios intereses egoístas; sino el Dios que dio su vida y sufrió *en su lugar* para que ella no tuviera que vivir separada de Él por la eternidad (Ro. 5:8).

- Y no era un dios que dejaría de amarla si ella hacía algo que le desagradaba o si estaba de mal humor; sino el Dios que dice que "nada podrá jamás separarnos del amor de Dios. Ni la muerte ni la vida, ni ángeles ni demonios, ni nuestros temores de hoy ni nuestras preocupaciones de mañana. Ni siquiera los poderes del infierno pueden separarnos del amor de Dios" (Ro. 8:38, NTV).

¿Es posible que, debido a *tus* heridas y *tu* sufrimiento, hayas percibido a Dios muy diferente de lo que es en verdad? Tal vez no lo has hecho intencionalmente. Tal vez, al igual que Sandra, solo proyectas en Él la imagen de alguien que te ha herido. Muchas mujeres, como Sandra, tienden a creer que Dios es muy parecido a su padre terrenal. Por lo tanto, si tuvieron un padre iracundo, abusivo, ausente, censurador o solo distante emocionalmente, tienden a ver a Dios igual. Pero la única manera de permitir que Dios sane nuestro corazón de las heridas que hemos experimentado es entender y llegar a conocerlo como *realmente* es. Como su Palabra *dice* que es.

Descubre la verdad sobre ti misma

Sandra también aprendió en las Escrituras cómo *la ve* Dios. Aprendió a través de la Palabra de Dios que, por más buena y pura que tratara de ser, jamás podría ganarse el amor de Dios. Su amor era un obsequio, hecho posible por medio de la muerte y resurrección de su Hijo Jesús. Fue en la cruz donde Jesús pagó el castigo por sus pecados y adquirió un lugar para ella en el cielo. También aprendió que cuando le entregó su vida a Jesucristo y puso su esperanza en su muerte en la cruz, se convirtió en una hija de Dios. Ya no era la hija de un hombre enfermo y depravado; sino una hija preciosa de Dios (Ro 8:14-17). También aprendió que, cuando aceptó a Cristo como su Salvador, se convirtió en una persona espiritualmente nueva, que "la vida antigua ha pasado; ¡una nueva vida ha comenzado!" (2 Co. 5:17, NTV).

¿Puedes creer que este Dios puede sanar tu corazón? ¿Puedes confiar que el Dios de la Biblia puede librarte del peso del viejo equipaje que te agobia en lugar de confiar en el dios que te enseñaron tus padres, el dios de tu ignorancia o el dios de tus temores?

Sandra se dio cuenta de que debía tomar la decisión de creer la verdad acerca de Dios o seguir creyendo las mentiras de su niñez. "Vivimos en nuestra propia realidad —dijo ella—. Es mi decisión hoy qué historia voy a contar de mí. Cada día fue un poco más fácil para mí creer que el Dios bueno era verdad y que el dios malo era mentira".

Una vez que Sandra supo la verdad de quién es Dios, se dio cuenta de que podía confiar en que Él sanaría su corazón.

"Realmente creí que me habían ultrajado hasta lo más profundo y que Dios nunca me podría usar. No quería seguir siendo esa mujer ultrajada, esa mujer que tenía cáncer ni esa mujer divorciada. Había llegado el momento de recibir sanidad". Gran parte del proceso de sanidad de Sandra fue orar al verdadero Dios de las Escrituras y pedirle que la sanara por completo con las palabras del Salmo 139 como guía.

"Mi objetivo era que Dios examinara mi corazón y me limpiara de todo lo malo, todo el daño, toda herida".

Una oración de sanidad en las Escrituras

En el Salmo 139, David describe cuán íntimamente Dios conoce a cada uno de sus hijos. Él sabe lo que hacemos, lo que pensamos e incluso a dónde tratamos de huir. Después David sigue diciendo que fuimos formadas complejamente en el vientre de nuestra madre. Nos conoce aun antes de nacer y tiene contados todos los días de nuestra vida. Luego, al final de su cántico, David ora:

> Examíname, oh Dios, y conoce mi corazón;
> pruébame y conoce mis pensamientos;
> y ve si hay en mí camino de perversidad,
> y guíame en el camino eterno (vv. 23-24).

Cuando analizamos las palabras del original hebreo, usadas en este pasaje, descubrimos que no se trata de una simple oración a Dios para pedirle que mire nuestro corazón y saque todo lo malo.

La palabra hebrea usada para "examíname" en ese pasaje significa "escudriñar atentamente". La palabra hebrea para "pruébame" significa "acrisolar" como lo que se hace con los metales para refinarlos y purificarlos. La palabra hebrea para "perversidad", que se usa en el versículo 24, es una variación de la palabra *ídolo* o incluso *dolor* o *aflicción*. Y la palabra *camino* significa, literalmente, "camino", "curso de la vida" o "modo de actuar". Por lo tanto, estudiar el idioma original en que se escribió esta oración nos ayuda a orar más o menos así:

> Señor, escudríñame atentamente y conoce mis pensamientos, intenciones y opiniones en lo más secreto de mi corazón. Pon a prueba mi calidad y resistencia como se prueban a los metales preciosos y conoce mis pensamientos. Y mira si hay en mí algún modo de actuar doloroso, triste o idólatra y guíame en el curso de mi vida continuamente (o hacia la eternidad).

Sandra sabía que necesitaba ser examinada atentamente y purificada, a causa del resentimiento, la amargura, el temor, la vergüenza y otras cosas que, sin saberlo, todavía se escondían en cada rincón de su corazón. A causa de los dioses (en la forma de personas, hábitos, adicciones u obsesiones) que podrían llegar a ocupar el lugar del verdadero Dios en su vida. A causa de algo oculto en su interior que podría ser de tropiezo para no glorificar a Dios.

"Había algo intrínseco dentro de mí, que me atraía a estos tipos de individuos (su padre y su ex esposo) y me colocaba en situaciones peligrosas. Mi oración a Dios era esta: 'Muéstrame qué hay en mi corazón: el daño, el enojo, el resentimiento, la profundidad de mis heridas. Y límpiame para poder atraer a la clase de personas que tú quieres cerca de mí'".

Tú y yo también necesitamos esta clase de examen y purificación. A veces no tenemos idea del grado de quebranto que todavía existe en nuestro corazón, la cantidad de dolor que todavía abrigamos, el resentimiento que todavía acecha en rincones de nuestro corazón o el grado de amargura que todavía reside en nosotros. Si el salmista David, que tenía una relación íntima y cercana con Dios, necesitó hacer esta clase de oración, tú y yo también necesitamos pedirle a Dios que nos examine y nos encamine en su voluntad, no la nuestra. Y cuando le pedimos específicamente a Dios que escudriñe nuestro corazón y nos purifique por completo, Él nos escucha y nos sana.

Una muestra de restauración

La vida de Sandra ha sido restaurada, porque buscó al verdadero Dios de las Escrituras y le pidió que obrara en ella con el poder purificador de su Palabra. No asumió que su vida estuviera desahuciada ni que estaba bastante bien para seguir adelante así. Ella quería una vida restaurada y plena a los ojos de Dios. Quería estar a la altura de las normas de Dios y pasar la prueba.

"La razón por la que tengo vida hoy y puedo respirar es porque a cada momento le pedí a Dios que me sanara. Si no estuviera sana, no podría inspirar a nadie, no podría ministrarle a nadie, no podría ayudar a nadie".

Ese fue el ruego del corazón de Sandra: poder tener compasión por otros, porque a ella nunca le tuvieron compasión. Abrazar y amar a un niño como a ella nunca la abrazaron ni amaron. Infundir esperanza a una adolescente con problemas, porque ella nunca recibió esperanza en su adolescencia. Hoy día, esta mujer, a pesar de todo lo que ha atravesado, ha hecho todas las cosas que acabo de mencionar. Trabajó seis años como maestra titular en una escuela pública experimental para estudiantes con problemas. Actualmente es la fundadora de *A Path to Life Wellness Center*: una organización sin fines de lucro que presta servicios, apoya y alienta a mujeres que han vencido toda especie de cáncer. Su visión para el centro es que finalmente sea un lugar donde, una vez que las mujeres hayan terminado su tratamiento, puedan seguir asistiendo para recibir terapias alternativas, como la acupuntura, la danza, la risa, el café orgánico, etc.

He tenido la oportunidad de hablar con Sandra en un par de ocasiones y puedo decir sinceramente que irradia gozo. Manifiesta tener una gran compasión. No hay rastros en ella de la niña intimidada y abusada que fue. No hay vestigios de amargura. Solo una mujer hermosa, segura y amorosa, que transmite paz, tranquilidad y calma, como evidencia de su descanso y confianza en el Señor a pesar de haber atravesado el valle de sombra y de muerte… numerosas veces. Proyecta esperanza y pasión por la vida. Esa es la presencia transformadora de Dios —la *sanidad* de Dios— en su vida.

"El cambio en mi vida se produjo cuando le pedí a Dios que *me* transformara —dijo Sandra—. No podía cambiar por mí misma. Y Él me respondió cada vez que oré para que me transformara a mí; no a mi esposo ni a ninguna otra persona de mi pasado".

Dios transformó la vida de Sandra. Cambió su corazón. La llenó de su presencia. La sanó hasta lo más profundo de su ser.

Hace ocho años, Sandra contrajo matrimonio con David; un hombre que la ama de verdad. Dos meses después de casarse, los médicos le descubrieron otro ciclo de cáncer. Pero en ese momento creía que estaba en las manos de un Dios amoroso, bueno y tierno, que sabía lo que estaba haciendo en su vida. Sandra se sometió a un tratamiento de radiación y le recomendaron cinco años de pruebas radioactivas antes de considerarla libre de la enfermedad. Han pasado siete años desde entonces, y sigue libre de cáncer.

"Por muchos años, nunca hubo nada que, aunque sea, se pareciera a la tranquilidad en mi vida —dijo Sandra—. Pero eso cambió. Hoy día ya no hago drama de nada, ni me pongo en el papel de víctima".

Ni siquiera el *segundo* ciclo de cáncer hizo descarriar a Sandra. En momentos como esos, tú y yo podríamos haber dicho: "¿Otra vez, Dios? ¡No puede ser!". Pero Sandra se aferró al Dios que la amaba.

"Al igual que Pablo, he aprendido a contentarme en cualquier situación", dijo Sandra y citó Filipenses 4:11, donde el apóstol Pablo habló de su contentamiento a pesar de todo lo que había sufrido en la vida. Después agregó: "Hoy estoy contenta con quien soy. Antes solía despertarme y pensar: *Si yo no fuera quien soy, la vida sería mejor*. Pero hoy sé que mi vida es excepcional, porque Dios está obrando en mí".

Cura tus heridas

Es probable que tus heridas no sean tan profundas como las de Sandra. Pero incluí su historia aquí para que, en caso de que te identifiques con algo de lo que ella vivió, puedas saber que no eres la única; al menos otra mujer ha experimentado el mismo dolor y ahora tiene paz, gozo y una sanidad total. Y si no has vivido ninguna de las experiencias de Sandra, su historia está aquí para que puedas decir: "Doy gracias a Dios porque nunca pasé por *todo eso*".

También sé que, aunque tus heridas no sean tan profundas como las de Sandra, no por eso son menos dolorosas para ti. Por lo tanto, quiero animarte a que en este momento des algunos de los pasos que dio Sandra para encontrar lo que finalmente ella encontró: el perfecto amor de un Dios bueno y lleno de amor, paz y contentamiento en el dolor y la confusión y la verdadera transformación que viene de estar dispuesta a decir: "Dios, confío en ti y creo que harás de mí la mujer que tú quieres que sea".

Aquí, amiga mía, empieza la sanidad:

1. Enumera lo que todavía persiste en tu corazón

Sandra dice: "Me pasé toda la vida culpando a otros por mi dolor. Después tomé la decisión de cambiar". Ella empezó a escribir en un diario personal, según recordaba, los hechos que habían causado su sufrimiento. No hizo esto para comprender su dolor, sino para sacarlo. Al "escribirlo en una hoja de papel y sacarlo", fue como si Dios estuviera arrancando el dolor de su corazón.

Actualmente, Sandra señala los diarios personales donde ha registrado los sucesos más horrorosos de su vida y dice: "No me reconozco en ellos. Cuentan mi historia, pero esa ya no es mi vida".

Si te sientes preparada para hacer esto, ve y cómprate un bonito cuaderno. No repares en gastos. Allí derramarás tu corazón. Tómate un tiempo, tal vez cada mañana, para sentarte y escribir lo que Dios te muestre en tu diario personal: esos recuerdos que todavía te atormentan, esas ofensas que vuelven a tu mente una y otra vez, eso que quisieras olvidar pero no puedes. A medida que escribas todo eso, dile a Dios que quieres borrar esas heridas no solo de tu corazón sino también de tu mente. Reconoce que el poder de Dios es más fuerte que el poder que esas heridas tengan sobre ti y que Dios puede redimir tus heridas y usarlas para tu bien.

A medida que escribas, recuerda el Salmo 62:8, que declara: "Derramad delante de él vuestro corazón; Dios es nuestro refugio". Lo que escribas —y cómo lo escribas— está resguardado.

2. Renueva tu concepto de Dios a través de las Escrituras

¿Estabas equivocada en tu concepto de Dios? ¿Has llegado a creer que te está castigando al permitir el dolor en tu vida? ¿Lo ves como un juez que quiere arruinarte la vida? ¿Como alguien distante y frío? ¿O como alguien que te conoce verdaderamente en lo más profundo y que te ama más allá de la razón?

¿Estás dispuesta a leer las Escrituras sin ideas preconcebidas para recibir la verdad de quién dice Dios que es? ¿Estás dispuesta a permitir que la Palabra de Dios reemplace las mentiras para que puedas empezar a vivir y a actuar sobre la verdad?

Si necesitas conocer a una persona, irás a verla y pasarás tiempo con ella. Eso es lo mismo que se requiere para conocer a Dios. No sucederá con el solo hecho de estar sentada y escuchar un sermón el domingo por la mañana o depender por completo de las ideas y opiniones de otros. Sí, es importante que recibas una buena enseñanza bíblica. Pero tú también debes cumplir la responsabilidad de conocer a Dios por ti misma a través del estudio personal de su Palabra. En la sección de aplicación práctica que sigue a continuación te daré un ejercicio que te puede ayudar a empezar a hacer esto.

3. Permite que Dios te examine y te muestre lo que necesitas dejar atrás

Sandra dice que antes de empezar a escribir su historia "todo en mí estaba vacío y Dios tuvo que rehacer a esta mujer; pero este es el momento que más valoro en mi vida… cuando dije: 'Dios, obra en mí. No necesito un hombre en mi vida. No necesito ciertas bendiciones, solo necesito que tú me limpies'".

Ahora, al mirar atrás, Sandra dice que se sintió inspirada a orar de esa manera: "Necesitaba estar bien con Dios. No me importaba ninguna otra cosa. Solo quería estar bien y limpia delante de Él".

Al igual que Sandra, puedes declarar en oración el pasaje de Salmos 139:23-24. O tal vez sientas que eres la causante de *tus propias* heridas. En ese caso, podrías orar con las palabras del Salmo 51, una oración de confesión que el mismo salmista David escribió después de una etapa de su vida cuando cometió adulterio —y asesinato— y se dio cuenta de que necesitaba volver a estar bien delante de Dios. (En el capítulo 4 hablaremos más sobre el dolor que nosotras mismas podríamos habernos causado).

Cualquiera que sea el caso, al final de este capítulo tendrás la oportunidad de orar y pedirle a Dios que te examine.

El paso siguiente

Querida hermana, aplaudo tu valentía y tu disposición a dar el paso siguiente para salir de tu estanque de dolor y entrar a una vida de bendición, una vida en la que Dios sane tus heridas internas. ¡Mi corazón siempre se conmueve cuando pienso en la historia bíblica del hombre que estuvo tendido junto a un estanque treinta y ocho años! Había estado en esa condición de invalidez por tanto tiempo que, cuando Jesús lo vio y le preguntó si quería sanarse, él no respondió su pregunta. En cambio, le dio excusas de por qué había permanecido tantos años en el mismo lugar. Pero Jesús no le permitiría seguir viviendo con dolor y sin esperanza. Entonces le dijo: "Levántate, toma tu lecho, y anda". Las Escrituras siguen relatando: "Y al instante aquel hombre fue sanado, y tomó su lecho, y anduvo" (Jn. 5:1-8). Tú no seguirás postrada, como ese hombre, en el mismo lugar de dolor durante años. Esa no será tu historia, amiga mía, porque hoy es el día que Jesús *te* dice: "Levántate, toma tu lecho, y anda".

Jesús está aquí y espera tomar tu mano para sacarte de ese lugar de dolor y llevarte a un mañana nuevo lleno de esperanza y sanidad. Él es el gran Médico y está listo para ayudarte.

PASO #2 *Hacia la sanidad y la plenitud*
Renueva tu concepto de Dios a través de las Escrituras.
El Dios verdadero de las Escrituras podría ser muy diferente al dios que has percibido en medio de tu dolor.

DEJA QUE CONTINÚE LA SANIDAD

1. Comienza a escribir tu diario personal. Puedes hacerlo en una computadora si prefieres; pero hay algo muy íntimo y personal en escribir tus pensamientos, como si le estuvieras escribiendo una carta a Dios o si estuvieras escribiendo tu historia para que otros te recuerden. Piensa en qué momento del día puedes sentarte a pensar y escribir. ¿Cuándo planeas escribir tus pensamientos y oraciones en tu diario personal?

Mi momento del día para escribir mi diario personal:

_____

Mi lugar para estar sola y escribir mi diario personal:

_____

Espera ansiosa ese momento con Dios y pídele que guíe tus palabras para poder ser transparente con Él y contigo misma.

2. Trata de ser sincera en el espacio de abajo. En la columna de la izquierda enumera las frustraciones que has experimentado a causa de personas y circunstancias de tu vida. Luego, en la columna del centro, enumera qué necesitabas en ese momento o esa situación. Finalmente, en la columna de la derecha, enumera lo que has aprendido sobre lo que Dios te ofrece en las páginas 42-43. (Si tu necesidad no aparece en esas páginas, tratar de buscar palabras clave en la concordancia de tu Biblia o hacer una búsqueda de palabras clave en www.biblegateway.com para encontrar los versículos de las Escrituras que hablan de tu dolor). Le pedí a Sandra que completara la primera para darte un ejemplo de cómo hacer este gráfico.

Mis frustraciones:	Qué necesitaba:	Qué me ofrece Dios:
No haber tenido una madre cuando era niña	La ternura de una madre	Juan 8:32: Dios me hizo ver que está conmigo y que la verdad me haría libre.

3. Para recibir más aliento y una mayor consciencia de quién es Dios, lee los siguientes versículos y escribe una respuesta en oración basada en lo que has aprendido del carácter de Dios. (Tal vez podrías escribir este ejercicio en tu diario personal también).

Salmos 139:17-18:

Salmos 147:3:

Isaías 43:2:

2 Corintios 1:3-4:

Una oración de sanidad

Oh Jehová, tú me has examinado y conocido.
Tú has conocido mi sentarme y mi levantarme;
Has entendido desde lejos mis pensamientos…
No fue encubierto de ti mi cuerpo,
Bien que en oculto fui formado,
Y entretejido en lo más profundo de la tierra.
Mi embrión vieron tus ojos,
Y en tu libro estaban escritas todas aquellas cosas
Que fueron luego formadas,
Sin faltar una de ellas.
¡Cuán preciosos me son, oh Dios, tus pensamientos!
¡Cuán grande es la suma de ellos!…
Examíname, oh Dios, y conoce mi corazón;
Pruébame y conoce mis pensamientos;
Y ve si hay en mí camino de perversidad,
Y guíame en el camino eterno
$\qquad\qquad$ (Sal. 139:1-2, 15-17, 23-24).

Dios, tú conoces los detalles íntimos de mi vida y, por lo tanto, mis heridas no te son ocultas. Ayúdame a sentir tu amor a pesar de todo lo que he sufrido. Ayúdame a verte como quien realmente eres, no como te he percibido en mi dolor. En tu Palabra, Jesús, tú has dicho: "conoceréis la verdad, y la verdad os hará libres" (Jn. 8:32). Señor, anhelo conocerte y conocer la verdad de quién eres, con la confianza de que solo tú me harás libre.

3

¿Dónde estaba Dios?

Rechaza la mentira de que Él no se preocupó por ti

Alguna vez al mirar atrás y pensar en un incidente de tu vida te has preguntado: *¿Dónde estaba Dios? ¿Acaso no le importó lo que me estaba pasando? ¿Por qué no vino a socorrerme? ¿Qué clase de Dios es que permitió que pasara por algo así?".*

Sin embargo, una mujer que le está permitiendo a Dios sanar sus heridas, pensará en todo lo que ha sufrido en la vida y notará la protección y provisión de Dios en vez de su castigo.

Christina es una de esas mujeres que alaba a Dios a pesar de todo lo que sufrió desde su infancia. Considerada por quienes la rodeaban como una marginada desde muy pequeña, Christina vivió más experiencias desagradables de las que la mayoría de nosotras quisiéramos vivir a tan temprana edad. Pero aun en medio de la basura entre la que creció, ella sabe que Dios vio su pequeño corazón y estaba preparando para ella una vida… y un ministerio.

Christina nació en Las Vegas (Nevada), como fruto de la relación entre una muchacha de dieciséis años y su novio. Ella define la relación de sus padres como "tóxica", llena de drogas y maltrato físico y verbal. Esa relación terminó cuando Christina tenía cinco años y su hermano Jimmy, tres.

En esa época, su madre era una drogadicta crupier de juegos de azar, que a veces desaparecía semanas enteras. Christina recuerda que la dejaba olvidada en la escuela y a menudo tenía que ir a casa de su abuela al descubrir que su madre se había ido otra vez. Cuando

Christina cumplió ocho años, su madre conoció a un refugiado político cubano, llamado Osvaldo, en un club nocturno. Debido a su mutua pasión por las drogas, formaron una relación carnal muy inestable, que los llevó a fabricar, usar y vender todo tipo de droga imaginable.

Cuando Christina cumplió ocho años, empezó a ayudar en la fabricación de drogas también. A los nueve años, sabía cómo fabricar, fraccionar y empaquetar todo tipo de droga, incluso polvo de ángel, heroína, metanfetaminas, crack y cocaína.

La familia de Christina llegó a ser el mayor proveedor de drogas en todo el límite Nevada-California a principios de la década de 1980, con la distribución de drogas por todo el corredor I-15 entre Las Vegas y Los Ángeles.

"Uno de mis primeros recuerdos se remonta a cuando agentes del FBI golpearon a nuestra puerta y empezaron a registrar toda la casa y a preguntarnos dónde estaban las drogas —dijo Christina—. Recuerdo el reflejo de la luz sobre las pistolas mientras buscaban la droga en la oscuridad. Yo tenía nueve años y, mi hermano, siete".

"Yo no les iba a decir dónde estaban las drogas. Le temía mucho más a la repercusión física de mi madre, que a la ley. No iba a hablar. No iba a decir nada".

Finalmente, después de mucha presión, su abuela le dijo que estaba bien que revelara dónde estaban las drogas. Entonces Christina retiró el fondo de un cuadro y las drogas estaban allí, alineadas contra la pared. Su hermano Jimmy quitó el fieltro de un parlante y dejó ver las drogas que también se escondían allí.

Después que la mamá de Christina y Osvaldo fueron arrestados, su madre optó por una falsa rehabilitación, abrió casillas de correo postal en varios estados y empezó a recibir cheques del bienestar social. Terminaron viviendo en un pequeño departamento de Victorville (California). Osvaldo los siguió hasta allí. Para entonces, la madre de Christina estaba embarazada de su quinto hijo.

"Nunca podíamos ser constantes en la escuela, porque mi madre vivía con temor de que la detuvieran por tráfico ilegal de drogas. Nos mudamos a Oro Grande, Victorville, Hesperia, el distrito de los Lagos, Lucerne Valley, Joshua Tree, Apple Valley y, finalmente, Helendale, en el desierto de Mojave. No éramos los únicos que violábamos la ley en esos asentamientos rurales, donde predominaba el bestialismo, el matrimonio plural, la poligamia, el narcotráfico, todo lo que alguien se pueda imaginar o no".

Christina recuerda que no tenían un lugar donde vivir y se asentaron en esos terrenos rurales de Helendale, transgrediendo la ley. "Osvaldo decidió construirnos una casa, así que fue a un remate en Lancaster y compró veintisiete puertas. En realidad, teníamos una casa hecha de veintisiete puertas y una casilla fuera de la casa con un agujero en el suelo como retrete".

No había servicios públicos ni vecinos a 2 kilómetros a la redonda aproximadamente. Tenían que acarrear el agua. Estaban en una zona completamente desolada.

"En ese tiempo, Jimmy y yo empezamos a recoger traviesas de madera del ferrocarril para levantar una cerca y así evitar que los coyotes y las serpientes venenosas entraran en nuestra casa de veintisiete puertas —dijo Christina—. A nuestra temprana edad, necesitábamos un poco de seguridad, así que decidimos levantar una cerca alrededor de nuestra casa. Empezamos a cavar zanjas y a colocar un alambrado y recoger traviesas de madera del ferrocarril".

La esperanza llegó en un autobús

Una mañana, mientras Christina y Jimmy estaban construyendo su cerca, ella vio que un vehículo circulaba de una parte poblada a la otra. En esa zona del desierto, todos los caminos eran de tierra, de modo que cada vez que el vehículo transitaba por allí, levantaba nubes de polvo en el aire. Como no solían llegar visitantes donde ellos vivían, Christina se preguntaba qué estaba pasando y pensó: *El repartidor de gas propano vino ayer. ¿Qué hace ese vehículo de casa en casa?*

Finalmente, Christina vio que era un autobús y que se detenía frente a su casa. Un hombre con acento sureño abrió la puerta del vehículo y dijo: "Estamos yendo a la escuela bíblica de vacaciones. ¿Te gustaría ir?".

"Jimmy y yo nos miramos, y le dije: 'No sé qué es'. Él me respondió: 'Yo tampoco, pero hay otros niños ahí adentro'. Así que entramos en la casa para pedirle permiso a nuestra madre. '¿Podemos ir a la escuela bíblica de vacaciones? Hay un hombre allí fuera que está pasando a buscar a los niños en un autobús'. Mi madre contestó: 'No me importa dónde demonios quieran ir. ¡Salgan de mi #$&@ presencia!'".

Viajaron en el autobús cuarenta y cinco minutos hasta un pequeño edificio llamado Iglesia Comunitaria de Oro Grande. "Ese hombre se desvió cuarenta y cinco minutos de su camino para pasar a buscar a lo peor de lo peor por un lugar desolado y marginal", dijo Christina.

"Ten en cuenta que no éramos niños bonitos. Estábamos sucios. Nos bañábamos en baldes de veinte litros. No teníamos ropa limpia que combinara. Éramos niños sucios y esqueléticos".

Christina recuerda entrar en la pequeña iglesia y sentir sus cicatrices. "Tenía una cicatriz en mi mentón de una vez que me empujaron contra un piano. Jimmy y yo teníamos cicatrices físicas, emocionales y espirituales".

"Entramos y nos sentamos en un banco, y recuerdo que sonreí. También recuerdo que sentí paz. No estaba acostumbrada a la paz. No estaba acostumbrada a ver personas que quisieran estar con niños".

"Recuerdo ver a otros niños que estaban sucios como nosotros y que todos sonreían. Y vi *dientes*…" (el uso prolongado de las drogas había desgastado los dientes de casi todos los adultos que ella conocía).

"Esas personas estaban realmente felices de estar con nosotros, que éramos niños", dijo Christina.

El pastor de la pequeña iglesia se puso de pie, caminó hacia el púlpito y habló.

"Podría haber dicho cualquier cosa aquel día, pero dijo: '¿Necesitan la *esperanza* de Jesús?'. Al recordar ese momento, pienso que pudo haber dicho: '¿Necesitan el *amor* de Jesús?' o '¿Necesitan la *gracia* de Jesús?', o incluso '¿Necesitan la *vida* de Jesús?'. Pero, en cambio, usó la palabra *esperanza*. Mi segundo nombre es Esperanza. Pero sabía que no tenía nada de esperanza. Recuerdo pensar que *necesitaba esperanza*, porque sabía, aun a esa edad, que el estilo de vida que estábamos viviendo no era normal. Sabía que estábamos violando la ley. Sabía que nos habían enseñado a no hablar con nadie de nuestra vida. Recuerdo pensar que la información significaba poder y no debía darle información a cualquiera. Miré a Jimmy y dije: 'Jimmy, necesito la esperanza de Jesús'. Y él me miró y contestó: 'Chris, yo también necesito la esperanza de Jesús'".

Tanto Christina como Jimmy oraron en esa pequeña iglesia para entregarle su vida a Jesús y reconocieron que Él había muerto en la cruz para redimir su vida y darles esperanza.

"Recuerdo las sonrisas más que cualquier otra cosa —dijo Christina—. Y después de orar para recibir a Jesús, el pastor habló de la iglesia perseguida".

"Jimmy y yo volvimos a nuestra casa de piso de tierra con nuestras cruces hechas con palitos de helado que nos habían dado y le conté a mi mamá que ese día había recibido a Jesús. Ella me contestó: 'No me importa. ¿Qué hizo Jesús por nosotros? Mira cómo estamos viviendo'. Ella no podía asumir la responsabilidad de sus actos o reconocer que su vida era el resultado de su pecado. Después me golpeó y le dio un puñetazo a Jimmy. Entonces, con el sentido de humor que le caracteriza, Jimmy dijo: '¿Ves, Chris? ¡Ya somos la iglesia perseguida!'".

Cuando Christina estaba en sexto grado, su madre, embarazada de su sexto hijo, le dijo que tenía que dejar de ir a la escuela y hacerse cargo de sus hermanos y hermanas. Le advirtió que, si no lo hacía, entregaría a todos al Servicio de Protección Infantil.

"Así que, con esa culpa sobre mi cabeza, abandoné sexto grado para cuidar de mis hermanos", dijo Christina.

Con la edad de una niña de sexto grado, Christina tenía que cuidar de su hermanito recién nacido, alimentarlo en la mitad de la noche y hacer todo lo que su madre era incapaz de hacer debido a su vida de descontrol y drogas.

Un antes y un después

A los diecisiete años, Christina se fue de su casa, se enamoró de un hombre con el que sigue casada hasta hoy y estudió en la universidad.

"Por un tiempo viví sin saber cómo era la vida cristiana. Nadie me había discipulado ni enseñado la Palabra de Dios. Todo lo que había hecho era orar y recibir a Jesús. Sin embargo, sabía que mi vida debía ser diferente. En la universidad, recuerdo escuchar a Dios hablar con claridad a mi corazón: 'No te estás rindiendo totalmente a mí. No estás experimentando victoria, porque no me *conoces* de verdad'".

Fue entonces cuando Christina resolvió hacer todo lo posible para conocer a este Dios que había recibido en su corazón cuando tenía nueve años.

"Empecé a realizar un estudio bíblico que me cambiaría la vida para siempre. Era un estudio inductivo, precepto por precepto. Una vez que empecé a estudiar la Biblia versículo por versículo, y a buscar palabras de sanidad, esperanza y plenitud, oré al Señor y le dije: 'Mi vida es un desastre. Estoy viciada y perdida. Escucho mis pensamientos y sé qué hay en mi disco duro. Necesito que escribas uno nuevo'".

"Eso es exactamente lo que Dios hizo cuando empecé a buscar su presencia y su voluntad para mi vida con la ayuda de su Palabra. Y, a medida que fui asimilando su Palabra, empecé a experimentar victorias en mi vida y la libertad que viene de obedecer las Escrituras".

Ahora Christina tiene alrededor de treinta y cinco años. Hace quince que está casada y tiene tres hijos biológicos y uno adoptado. La única manera de saber que estuvo en el pozo es escuchar su testimonio, que proclama con denuedo y da la gloria a Dios por redimir su vida. Actualmente, Christina Goleman es la directora del ministerio para mujeres de su iglesia, maestra de estudios bíblicos, oradora para grupos femeninos y la directora de una escuela bíblica de vacaciones para doscientos niños. Está llena de pasión por estudiar y enseñar la Palabra de Dios, llena de vida y llena de amor por el Dios —que está convencida— que tuvo el control de todo lo que experimentó cuando era niña. Manifiesta ser muy segura, aunque instantáneamente te dirá que no es confianza *en sí misma*, sino confianza en Dios… en Aquel que la amó y entregó su vida por ella. Confianza en Aquel que sacó su vida del pozo.

Aunque Christina tuvo una niñez muy difícil, sabe que Dios estuvo allí, escuchó las oraciones de una niña de nueve años y cambió para siempre su corazón. Dios sabía lo que estaba haciendo cuando permitió que creciera en medio del lodo cenagoso, para que posteriormente la pudiera sacar del pozo. Y, hoy día, ella puede contar la historia de un Dios absolutamente soberano sobre todo lo que le pasó en la vida.

Dios presenció tu historia

Hace tiempo recibí el gran consuelo de saber que Dios es absolutamente soberano sobre todas las cosas. Eso significa que nada lo toma por sorpresa y que nada sucede fuera de su control. A veces no nos gusta esta verdad, porque nos cuesta mucho tratar de imaginar por qué Dios no nos socorrió más rápido o de alguna otra manera. Sin embargo, Dios sabe qué es mejor para nuestra vida en el marco general de sus propósitos y la formación de nuestro carácter. Él permitirá que experimentemos lo que consideramos malo a fin de sacar algo bueno de eso para nuestra vida y la vida de otros.

La Biblia dice que no hay nada de nuestra vida que Dios no sepa. En el Salmo 139 —el mismo cántico de las Escrituras que Sandra declaró en oración a Dios para que sanara y transformara su vida— vemos que Dios conoce íntima y perfectamente a cada uno de sus hijos. Él es totalmente consciente de todo lo que sucede en cada momento de nuestra vida. Si alguna vez te sentiste ignorada, olvidada o insignificante, presta atención al inmenso valor que tienes para tu Creador. Solo en este salmo descubrimos que Dios...

- *te escudriña atentamente*, no para encontrarte defectos, sino para saber todo de ti[1] (v. 1).

- conoce tus pasos, a qué hora te levantas en la mañana y te lee los pensamientos aun a la distancia. No solo te ve, sino que te *vigila* constantemente (v. 2).

- conoce el curso de tu vida o tu modo de actuar. Él no solo conoce tu manera de hacer las cosas; sino que le *son familiares* (v. 3, NVI).

- conoce lo que vas a decir aun antes de que salga de tu boca (v. 4).

- te rodea por completo para que estés segura. En otras palabras, te *cubre* con su mano[2] (v. 5).

- no te quita los ojos de encima. Sabe a dónde tratas de ir, huir o esconderte. No puedes evitar que te siga a todos lados, que sea tu sombra (vv. 7-12).

Sí. Dios estaba allí contigo. Nunca te ha *quitado* los ojos de encima.

Entonces, ¿por qué no vino a socorrerme?

Si Dios nos conoce y está familiarizado con nuestros caminos, ¿por qué a veces parece que no hace nada y permite las heridas y el dolor en nuestra vida? Ya vimos esta pregunta en el primer capítulo y

---

1. La palabra hebrea "examinar" significa "escudriñar atentamente", E-Sword Version 10.0.5, © 2000-2012 por Rick Meyers, www.e-sword.net.
2. La palabra hebrea traducida "rodear" es una palabra que significa "encerrar, abrazar, envolver para que estés seguro", E-Sword Version 10.0.5.

descubrimos que a menudo Dios tiene un propósito con nuestro dolor y que nos está moldeando en personas que podamos ser de bendición en la vida de otros. Ahora bien, podría haber otra respuesta: ¿Qué pasa si Dios *sí* te socorrió en tu situación, pero no te diste cuenta? ¿Qué pasa si tu sufrimiento fue parte de la liberación de algo que podría haberte causado un sufrimiento mucho más devastador?

Christina no hace responsable a Dios por lo que padeció desde muy pequeña. Antes bien, piensa en ciertas situaciones y ve la protección de Dios sobre ella y no su negligencia.

Cuando Christina era apenas una adolescente que cuidaba de sus hermanos, recuerda que una tarde fue a su casa un hombre extraño. Ella sabía que algo en él no estaba bien. Le miró a los ojos y escuchó que le preguntaba a su madre: "¿Cuánto?". Inmediatamente, sintió el peligro y corrió a esconder a sus hermanos dentro de un armario en el fondo de su casa y les dijo: "Tenemos que orar".

Christina empezó a orar y a suplicar: "Dios, te ruego que no permitas que pase eso". Ella no sabía qué esperar, pero sintió un temor espantoso, así como la urgencia de orar y pedir la protección de Dios sobre su familia.

Mientras Christina y sus hermanitos oraban y suplicaban al Señor que los ayudara, ella sintió paz y confianza y, con la fe de una niña, volvió a la habitación donde su madre y el hombre extraño esperaban. Tan pronto como Christina miró al hombre a sus ojos, este se fue de la casa y jamás regresó.

"Ahora sé que es mucho más grande el que está en mí, que el que está en el mundo —dijo en referencia a 1 Juan 4:4—. No era madura en la fe. Nadie me había enseñado la Palabra o discipulado desde esa vez que oré en la escuela bíblica de vacaciones. Pero sabía que la presencia de Dios estaba conmigo y que podía clamar a Él para que me ayudara".

Después que ese hombre se fue, Christina empezó a llorar. La intensidad del momento la había superado. "Estaba confundida y temblando. No sabía qué había sucedido exactamente. Volví a la habitación para ver qué hacían mis hermanos, y vi que estaban todos dormidos… los cinco. Y después volví a la otra habitación y vi que mi madre y mi padrastro también dormían".

"Fue como si Dios hubiera puesto su mano sobre toda la casa y la hubiera calmado; como si hubiera hecho que todos se durmieran".

Muchas veces miramos atrás enojadas por ciertos sucesos de nuestra vida y nos preguntamos: "¿Dónde estaba Dios? ¿Cómo pudo permitir eso? ¿Acaso no le importó?". Pero Christina mira atrás y ve la mano protectora de Dios sobre ella.

"En definitiva, Dios tenía el control", dijo ella. En vez de acusar a Dios y decir: "¡Pudiste impedir que pasara por eso!", lo alaba por protegerla de tantas cosas más que *podrían* haberle pasado.

El dedo acusador

Las Escrituras relatan la historia de dos mujeres muy cercanas a Jesús, que podrían haber tenido ganas de señalarlo con el dedo acusador cuando no fue a socorrerlas en el momento que más lo necesitaban.

Marta y María eran dos hermanas que tuvieron una relación muy estrecha con Jesús durante su ministerio en la tierra. Lo habían invitado, junto a sus discípulos, a cenar en su casa y se consideraban buenas amigas de Él (Lc. 10:38-42). De hecho, las Escrituras dicen: "Y amaba Jesús a Marta, a su hermana y a Lázaro [hermano de ellas]" (Jn. 11:5). De modo que debe haber sido chocante —al menos una grave decepción— para estas mujeres cuando Jesús pareció ignorar su petición, que habían enviado por un mensajero, de que fuera rápidamente a Betania porque su hermano Lázaro se estaba muriendo.

De hecho, las Escrituras relatan en Juan 11 la respuesta aparentemente extraña de Jesús:

> Oyéndolo Jesús, dijo: Esta enfermedad no es para muerte, sino para la gloria de Dios, para que el Hijo de Dios sea glorificado por ella. Y amaba Jesús a Marta, a su hermana y a Lázaro. Cuando oyó, pues, que estaba enfermo, se quedó *dos días más* en el lugar donde estaba (vv. 4-6).

Ahora bien, ¿no parece extraño que Jesús esperara *dos días más* para dar la vuelta y hacer el viaje de treinta y dos kilómetros a pie hasta la aldea de Betania para ayudar a Lázaro? Después de todo, la Biblia dice que los amaba. Estoy segura de que cuando Marta y María supieron que el mensajero le había dado su mensaje, pero que Jesús no iría, sintieron una gran desilusión. *¿No le importa? ¿No entiende cuán grave es esto? ¿No se da cuenta de que no le hubiéramos molestado para decirle* *que viniera desde tan lejos si esto no fuera realmente grave? ¿Cómo puedes hacernos esto, Jesús?*

Cuando finalmente Jesús hizo el largo viaje de regreso a Betania, dijo a sus seguidores "claramente: —Lázaro ha muerto, y por causa de ustedes me alegro de no haber estado allí, para que crean. Pero vamos a verlo" (vv. 14-15, NVI).

Cuando Jesús llegó, hacía cuatro días que Lázaro había muerto. *Cuatro días enteros.* María y Marta lloraron a su hermano y probablemente se preguntaron todo el tiempo: *¿Dónde estaba Jesús? ¿Por qué no vino? ¿Por qué permitió que pasara esto?* No puedo imaginar el dolor y la decepción que deben haber sentido. Después de todo, su Amigo tenía poder para sanar a su hermano. ¿Por qué no fue Jesús mientras su hermano todavía estaba vivo?

Tan pronto como María y Marta vieron a Jesús, le dijeron que se sentían muy heridas por su aparente falta de preocupación por su hermano:

> Entonces Marta, cuando oyó que Jesús venía, salió a encontrarle; pero María se quedó en casa. Y Marta dijo a Jesús: Señor, si hubieses estado aquí, mi hermano no habría muerto. Mas también sé ahora que todo lo que pidas a Dios, Dios te lo dará. Jesús le dijo: Tu hermano resucitará. Marta le dijo: Yo sé que resucitará en la resurrección, en el día postrero. Le dijo Jesús: Yo soy la resurrección y la vida; el que cree en mí, aunque esté muerto, vivirá. Y todo aquel que vive y cree en mí, no morirá eternamente. ¿Crees esto? Le dijo: Sí, Señor; yo he creído que tú eres el Cristo, el Hijo de Dios, que has venido al mundo. Habiendo dicho esto, fue y llamó a María su hermana, diciéndole en secreto: El Maestro está aquí y te llama. Ella, cuando lo oyó, se levantó de prisa y vino a él (vv. 20-29).

Allí María tuvo *su* oportunidad de desahogar su frustración con Jesús: "María, cuando llegó a donde estaba Jesús, al verle, se postró a sus pies, diciéndole: Señor, si hubieses estado aquí, no habría muerto mi hermano" (v. 32).

En ese momento, Jesús podría haber reprendido a estas mujeres por no confiar en Él y creer que si había permitido que Lázaro muriera era porque, posiblemente, había un propósito superior. Hacía cuatro días ya que habían sepultado a Lázaro, porque Jesús se había demorado dos días más en regresar a Betania. Y cualquiera que hubiera estado en una tumba durante cuatro días se consideraba más que muerto. Eso significaba que Jesús haría más que sanar a un enfermo: *lo resucitaría.* Jesús esperó hasta el momento perfecto para hacer ese impresionante milagro frente a todos los que estaban llorando la muerte de Lázaro.

Sí, Jesús pudo haberles evitado cuatro días de dolor y sufrimiento a las dos hermanas si hubiera sanado a su hermano cuando se lo pidieron. Pero, en cambio, esperó para poder dar a toda la comunidad —y finalmente a todo el mundo— un increíble testimonio de su poder para resucitar a los muertos. Decidió no hacer un milagro pequeño, porque tenía otro mucho más grande en mente.

En vez de sanar a Lázaro de su enfermedad —algo que ya había hecho varias veces por personas de esa región—, ¡se estaba preparando para levantarlo de la muerte!

Cuando María y Marta le pidieron que fuera a Betania, estaban pensando en la posibilidad de perder a su hermano. En cambio, Jesús estaba pensando en un mundo entero, que finalmente sabría que Él había resucitado a Lázaro. Aunque esa dolorosa situación había afectado a una pequeña familia, Jesús se estaba preparando para hacer una de las declaraciones más poderosas de su vida en la tierra: "Yo soy la resurrección y la vida; el que cree en mí, aunque esté muerto, vivirá. Y todo aquel que vive y cree en mí, no morirá eternamente" (Jn. 11:25-26).

¿Has pensado alguna vez: "¿Dios, cómo pudiste dejar que pasara esto?"? ¿Has discutido alguna vez con Dios y le has dicho: "¡Te necesitaba, pero no hiciste nada para ayudarme!"? Amiga mía, si Dios no respondió una oración que le hiciste en el pasado o sigue sin responder una oración que le vienes haciendo hace un tiempo, podemos suponer, sin temor a equivocarnos, que tiene algo más grande en mente para ti —o por la situación en general— que lo que tú esperas.

Si Christina hubiera tenido otra infancia, no tendría el testimonio poderoso que hoy tiene. Si no le hubiera entregado su vida a Cristo en una escuela bíblica de vacaciones en un lugar remoto, probablemente hoy no sería la directora de una escuela bíblica de vacaciones para más de doscientos niños. Y tú no estarías leyendo su historia y el testimonio de su fe en un Dios que sabía lo que estaba haciendo.

En el capítulo 1 te motivé a confiar en el proceso. Ahora te voy a decir lo mismo con diferentes palabras: confía en el silencio de Dios.

La silenciosa protección de Dios

Cuando los ataques terroristas del 11 de septiembre de 2001 sacudieron a los Estados Unidos, mi hermano Dan trabajaba en las oficinas centrales del FBI, en el Edificio J. Edgar Hoover, en Washington D.C. Él y sus compañeros de trabajo escucharon las noticias del primer avión que se había estrellado en un edificio de las Torres Gemelas. Luego vieron la nota en vivo del segundo avión que se estrellaba contra la otra torre. Después de recibir la noticia de que el Pentágono había sufrido otro ataque, evacuaron inmediatamente porque se imaginaban que su edificio —y cualquier otro edificio federal— podría ser el próximo.

Dan, un diácono de su iglesia, sabía que una gran parte de los miembros de su congregación estaba formada por empleados federales y muchos de ellos trabajaban en el Pentágono. De modo que, junto al pastor y otros diáconos de la iglesia, aquella tarde llamaron a cada familia de la iglesia. A las siete de la tarde, habían hablado con *cada uno* de los miembros y asistentes. Muchos estaban trabajando en el Pentágono a la hora del ataque; pero, gracias a Dios, ninguno de ellos estaba en la parte del edificio que había recibido el impacto. Aunque muchas personas de toda la nación pudieron haberse preguntado: "¿Dónde estaba Dios?" en medio de toda esa tragedia, había una congregación que alababa a Dios por su protección y provisión sobre cada uno de los suyos. De modo que, cuando la tragedia golpea y nos inclinamos a enfocarnos en lo malo, tenemos que prestar atención a los casos de provisión y protección de Dios en medio de la tragedia.

Dios prometió en su Palabra que nunca nos dejaría ni nos desampararía (He. 13:5). De hecho, no importa a dónde vayamos, Él está con nosotras (Sal. 139:7-11). Eso significa que Él ha estado contigo en todo lo que te ha tocado vivir. Tal vez no recuerdes el giro repentino de los acontecimientos, sin el cual podría haber sucedido algo peor. Tal vez no recuerdes o ni siquiera te hayas dado cuenta de cada vez que Dios te ha socorrido. En conclusión, a Él sí le importa lo que te sucede. Él sabe lo que está haciendo cuando permite las cosas que pasan en tu vida. Y está contigo ahora mientras lees las páginas de este libro, dispuesto a redimir tus heridas a fin de que redunden en algo que jamás te hayas imaginado.

Hoy día, Christina tiene una actitud de alabanza y la perspectiva de un Dios que provee y protege. En vez de albergar amargura o resentimiento por lo que experimentó —o nunca experimentó— cuando era niña, compara lo que no tuvo con lo que ahora tiene en su relación con Cristo.

"Aunque mi madre no haya preparado nada para mí, Cristo ha preparado un lugar para mí hace dos mil años (Jn. 14:3). ¿Lo creo? ¡Mejor que lo crea!", dijo con mucha seguridad.

Aunque en un momento de su vida Christina tuvo que buscar comida en los contenedores de basura, Dios ha prometido suplir todas sus necesidades según sus riquezas en gloria en Cristo Jesús (Fil. 4:19). ¿Lo cree? Claro que sí.

Aunque Christina sintió el rechazo de sus padres, Dios ha prometido que nunca la dejará ni la desamparará (He. 13:5). ¿Confía ella en esta promesa de modo que ya no se siente insegura? Absolutamente.

Me sacó del pozo

En el Salmo 40 leemos el cántico del salmista que alaba a Dios por haberle sacado del pozo. Es un cántico que pudo haber cantado el José del Antiguo Testamento. Es uno que seguramente Christina canta hoy. Y es uno que tú también puedes cantar si aceptas que Dios conoce tu difícil situación y puede sacarte del pozo:

> Pacientemente esperé a Jehová,
> Y se inclinó a mí, y oyó mi clamor.
> Y me hizo sacar del pozo de la desesperación, del lodo
>   cenagoso;
> Puso mis pies sobre peña, y enderezó mis pasos.
> Puso luego en mi boca cántico nuevo, alabanza a
>   nuestro Dios.
> Verán esto muchos, y temerán,
> Y confiarán en Jehová" (vv. 1-3).

Si en este momento estás leyendo este libro, me atrevo a decir que es porque quieres superar tu dolor. Dios está obrando en ti para cumplir sus propósitos. Permite que Dios ponga tus pies sobre la roca del conocimiento y la confianza para que luego ponga un cántico nuevo en tu boca. Y que, de esa manera, muchos vean la transformación que Dios ha hecho en ti y confíen en Él.

Es tiempo de confiar

¿Puedes regocijarte, como David, porque Dios te sacó del pozo, puso tus pies sobre la roca y te dio un cántico nuevo?

¿Puedes tú, al igual que Christina, ver la protección de Dios y no su castigo a pesar de tus heridas? ¿Puedes confiar que Él quiere sacarte del pozo como lo hizo con David y Christina y como lo hará con cualquiera que le rinda su vida? ¿Y puedes confiar en la declaración que Dios quiere hacer, a través de tu dolor, para que otros puedan ver que Él es la resurrección y la vida?

Sé que puedes. Y estoy aquí contigo para ayudarte a dar otro paso de valentía hacia la sanidad y la plenitud que Dios tiene para ti.

> **PASO #3** *Hacia la sanidad y la plenitud*
> Rechaza la mentira de que a Dios no le
> importa todo lo que has sufrido.
> *Dios estaba allí. Él tiene cuidado de ti y está*
> *cumpliendo su plan en tu vida.*
>
>

DEJA QUE CONTINÚE LA SANIDAD

1. Adopta la mentalidad de Christina y una nueva perspectiva sobre lo que Dios podría haber tenido en mente cuando permitió que pasaras por tantas experiencias dolorosas. Recuerda lo que aprendiste en este capítulo sobre el Salmo 139 si te ayuda. (Completé las primeras en tu lugar).

Qué me faltó:	Qué tengo ahora en Cristo:
Estabilidad en mi familia; mis padres se divorciaron cuando yo tenía diecinueve años.	Una nueva herencia en Él (Sal. 16).
Nunca me sentí "bonita" de niña.	Soy una maravillosa obra de sus manos (Sal. 139:14).

2. Cuéntale al Señor cada vez que te decepcionaste, porque al parecer "no hizo nada por ti". Confiésale que te hizo sentir que no eres importante para Él.

3. Ahora pon en práctica tu confianza y entrega a Dios y dale gracias, sin importar cómo te sientas, por haber estado contigo cuando pasabas por esas experiencias dolorosas y porque nunca quitó sus ojos de ti. Escribe aquí tu oración de agradecimiento a Dios para que puedas sacar las palabras de tu corazón y volcarlas en papel.

4. Busca los siguientes pasajes de la Biblia y copia cada uno debajo. Encierra con un círculo las palabras que resuenan en tu corazón, y junto a cada pasaje escribe una breve respuesta en oración.

Salmos 4:8:

Salmos 46:1-3:

Salmos 121:2-3:

Hebreos 13:5:

5. Elige uno de los pasajes de arriba y comprométete a repetirlo en voz alta cada mañana de esta semana para que puedas reforzar esta verdad en tu mente. Tu primer paso hacia la renovación de tu mente es pensar de ti como Cristo: como alguien muy importante para Él.

El pasaje que repetiré en voz alta cada mañana es
_____.

Una oración del corazón de tu Padre para ti

Amada:

Te he formado en el vientre de tu madre y conozco bien todos tus caminos. No hay pensamiento ni palabra que salga de tu boca, ni ninguna intención de tu corazón que yo no conozca. No hay lugar donde puedas esconderte de mí. Ni un solo día de tu vida ha ocurrido sin que yo lo permita, y nada ha herido tu corazón sin que primero haya pasado por el mío.

Te tengo esculpida en las palmas de mis manos (Is. 49:16) y grabada en mi corazón. Por favor, no dudes de mi amor por ti. Por favor, que sepas, en lo profundo de tu corazón, que he estado contigo en cada situación dolorosa que has vivido hasta ahora. Nunca te he dejado —ni nunca te dejaré— sola. Como un padre amoroso que sabe lo mejor para su hija, quiero lo mejor para ti. Y seguiré haciéndolo hasta que, finalmente, estés a salvo en nuestro hogar.

PARTE II

Desenmascaremos las mentiras

Y conoceréis la verdad, y la verdad os hará libres.

<small>JUAN 8:32</small>

4

Nunca estaré completamente sana
Recapacita en el poder sanador de la cruz

Julia hacía muchas preguntas sobre el perdón. A menudo dejaba entrever que tenía remordimiento. Y en un par de ocasiones dijo: "No sé por qué Dios *me* querría".

Finalmente, la llamé a un lado y le pregunté qué la estaba atormentando.

"Hice algo que creo que es imperdonable para Dios", dijo ella.

Yo sabía qué era antes que me lo contara. Lo sabía, porque casi todas las mujeres que me dicen eso sufren el mismo dolor de la vergüenza, la culpa y el remordimiento. Julia se refería a su decisión de abortar años atrás.

Antes de quedar embarazada, Julia había perdido otros embarazos y su médico le aconsejó que abortara para evitar posibles riesgos de salud para ella o su bebé. Pero ahora Julia se lamentaba de no haber cuestionado o rechazado el consejo del médico. Le perseguía el pensamiento de que había obedecido su sugerencia, porque parecía ser la respuesta más conveniente, en vez de seguir adelante con el embarazo. Deseaba más que nada en este mundo poder volver a tomar esa decisión, que desde entonces abrumaba su corazón.

"Yo *sabía* que era un hijo —dijo Julia entre lágrimas—. Pero lo racionalicé y traté de convencerme de que era por mi salud. Por alguna razón accedí a hacerme el aborto. Me *odio* por eso. Y, aunque Dios *pueda* perdonarme, yo no puedo".

Julia siguió alimentando su herida al no creer que la cruz era suficiente.

Me senté con Julia y hablamos de lo que Jesús había hecho en la cruz por nosotros. Él pagó el precio por nuestros pecados; un precio que nosotros nunca podríamos pagar. Y ese sacrificio perfecto —su vida y su sangre— que hizo por nosotros, era suficiente para borrar cada pecado que hubiéramos cometido y que cometiéramos en el futuro. Cuando Jesús pronunció sus últimas palabras en la cruz: "Consumado es" (Jn. 19:30), lo dijo en serio. *Consumado* es. La deuda está pagada. La palabra del original griego que Jesús usó para "consumado" fue *tetelestai*: un término comercial que significa cumplir, ejecutar o absolver una deuda. Jesús estaba diciendo que la deuda por el pecado estaba totalmente pagada. No hay ningún saldo adeudado ni ninguna retribución pendiente. Todo está *cumplido*. Entonces, apreciar, respetar y venerar debidamente lo que Cristo hizo en la cruz es reconocer su total suficiencia para sanar *cada* área de nuestra vida, incluso las heridas o los errores por los que no queremos perdonarnos a *nosotras mismas*.

Tomé a Julia suavemente de la mano y le dije:

—Mientras sigas aferrada a ese pecado e insistas en creer que es imperdonable, le estás diciendo a Dios que su plan perfecto para expiar los pecados de la humanidad, su sacrificio perfecto a través de su Hijo amado Jesús, no fue suficiente para cubrir *este* pecado. ¿Realmente crees que la muerte de Cristo no fue suficiente para *ti*?

No le gustó escuchar lo que le dije. Pero eso era exactamente lo que ella estaba pensando.

—Pero ¿cómo puedo perdonarme a *mí misma*? —preguntó.

—Debes soltar ese pecado y reconocer que la cruz fue suficiente.

Cualquiera de nosotras puede, sin saberlo, menoscabar el poder sanador de la muerte y resurrección de Jesucristo cuando creemos que algo que hemos hecho está fuera del alcance del perdón de Dios. En cierto sentido, estamos diciendo "no es pertinente para *mí*; la obra de Jesús no cubre lo que yo hice".

Cuando tenemos este tipo de pensamientos, debemos salir del centro de la atención y enfocarnos en Aquel que es apto y suficiente para "[sanar] a los quebrantados de corazón, y [vendar] sus heridas" (Sal. 147:3).

Nuestras heridas

Conozco a muchas mujeres cuyo corazón sigue sufriendo hoy por la decisión de abortar que tomaron años —o tal vez *décadas*— atrás.

Algunas mujeres tienen la herida del adulterio, por lo cual desearían poder retroceder en el tiempo y deshacer la infidelidad que, finalmente, desintegró su matrimonio. Algunas mujeres sienten un profundo remordimiento por su desempeño como madres y desearían haber pasado más tiempo con sus hijos cuando eran pequeños o haberles prestado más atención a la primera señal de drogas, alcoholismo, inestabilidad emocional o trastornos alimenticios en sus vidas.

Ya sea que nuestras heridas estén directamente relacionadas con nuestro comportamiento (como es el caso de adulterio) o no (como en el caso de la decisión de un hijo de rebelarse o empezar a consumir sustancias adictivas), podemos dar un paso hacia la sanidad si rendimos el dolor de nuestro corazón a Aquel que nos conoce por dentro y por fuera. Y debemos dejar de creer que las heridas que nos hemos causado por nuestras propias acciones o actitudes son menos elegibles para el perdón y la sanidad de Dios. En su gracia y generosidad, Él nos perdona, nos sana y nos restaura, sea cual sea el origen del dolor en nuestra vida.

En las Escrituras leemos sobre el rey David, descrito como un hombre conforme al corazón de Dios (Hch. 13:22). Él escribió muchos salmos de amor y alabanza a su Dios. Sin embargo, durante una etapa agitada de su vida, codició a una mujer que no era su esposa y cometió adulterio con ella. Cuando supo que había quedado embarazada como resultado de su infidelidad, conspiró para matar a su esposo y tomarla rápidamente como esposa para poder ocultar su transgresión. Por si fuera poco, el esposo de esta mujer no era un simple soldado del ejército de David; sino uno de sus "hombres valientes".[1] En otras palabras, el hombre que David había asesinado en un intento de ocultar su pecado era uno de sus mejores soldados y más fieles aliados.[2]

Traición por todos los frentes. Asesinato... a sangre fría. Y por un tiempo, David parecía no sentirse mal por todo eso. Hasta el día que entendió cuánto había ofendido a Dios. Cuando Dios reprendió a David por medio del profeta Natán, le recordó todo lo que le había dado. Lo salvó de Saúl, que quería matarlo. Después lo puso como

---

1. En 2 Samuel 23:8-39 se enumera a los hombres valientes de David, y Urías heteo es el último que se menciona; un tributo sutil al hombre que David había traicionado.

2. Esta historia se encuentra en 2 Samuel 11.

nuevo rey sobre todo Israel y Judá. Entonces, Dios dijo: "y si esto fuera poco, te habría añadido mucho más".[3]

¡Qué convicción! David se quebrantó hasta lo más profundo de su corazón.

Cuando David entendió cuánto había ofendido a Dios, plasmó su remordimiento en un cántico; uno que nosotras mismas podemos declarar en oración a Dios para que nos limpie y restaure nuestra relación con Él. Y ya sea que te sientas atormentada por un aborto que te hayas hecho o algún otro tipo de daño contra tu propio cuerpo, por abandonar o traicionar a tu cónyuge, por no honrar a uno de tus padres cuando aún estaba con vida o por *cualquier otra cosa*, este salmo puede representar el primer paso para borrar *tu* pasado, ser libre de la culpa y restaurar tu relación con Dios.

En el Salmo 51, David oró así:

> Ten piedad de mí, oh Dios, conforme a tu misericordia;
> Conforme a la multitud de tus piedades borra mis
>   rebeliones.
> Lávame más y más de mi maldad,
> Y límpiame de mi pecado (vv. 1-2).

Confesiones de corazón

David empezó esta oración reconociendo que Dios es misericordioso, bueno, amoroso y compasivo cuando vamos a Él y reconocemos nuestro pecado.

> Porque yo reconozco mis rebeliones,
> Y mi pecado está siempre delante de mí.
> Contra ti, contra ti solo he pecado,
> Y he hecho lo malo delante de tus ojos;
> Para que seas reconocido justo en tu palabra,
> Y tenido por puro en tu juicio (vv. 3-4).

David clamó a Dios para que lo limpiara y lo perdonara, y admitió humildemente que su ofensa era un pecado; no tan solo un error o un

---

3. Este relato se encuentra en 2 Samuel 12 y lo que Dios le dijo a David, por medio del profeta Natán, aparece en el versículo 8.

descuido, sino una transgresión directa contra Dios. David también reconoció que su mayor ofensa no fue hacia las otras personas implicadas, sino hacia un Dios santo y justo ("Contra ti, contra ti solo he pecado"). No estaba diciendo que solo había ofendido a Dios, sino que, principalmente, había pecado contra Él; el mismo Dios que tenía una relación cercana con él.

> He aquí, en maldad he sido formado,
> Y en pecado me concibió mi madre.
> He aquí, tú amas la verdad en lo íntimo,
> Y en lo secreto me has hecho comprender sabiduría
>   (vv. 5-6).

David reconoció que no solo había pecado, sino que su condición general era la de un hombre imperfecto y pecador. Se humilló y admitió que nada bueno había en Él con la excepción del Dios que conocía y en quien confiaba.

> Purifícame con hisopo, y seré limpio;
> Lávame, y seré más blanco que la nieve.
> Hazme oír gozo y alegría,
> Y se recrearán los huesos que has abatido.
> Esconde tu rostro de mis pecados,
> Y borra todas mis maldades (vv. 7-9).

David comprendió que, para volver a tener gozo, necesitaba que Dios lo purificara y que restaurara su comunión con Él.

> Crea en mí, oh Dios, un corazón limpio,
> Y renueva un espíritu recto dentro de mí.
> No me eches de delante de ti,
> Y no quites de mí tu santo Espíritu.
> Vuélveme el gozo de tu salvación,
> Y espíritu noble me sustente.
> Entonces enseñaré a los transgresores tus caminos,
> Y los pecadores se convertirán a ti (vv. 10-13).

Después David le pidió a Dios que lo hiciera libre de la culpa y le permitiera alabar su nombre una vez más:

> Líbrame de homicidios, oh Dios, Dios de mi salvación;
> Cantará mi lengua tu justicia.
> Señor, abre mis labios,
> Y publicará mi boca tu alabanza (vv. 14-15).

Finalmente, David dejó entrever lo que Dios realmente quiere de nosotros cuando le ofendemos. Reconoció que no quiere grandes sacrificios o una promesa de ser mejor. No quiere que demos más dinero de ofrenda el domingo por la mañana o que hagamos más buenas obras para poder demostrarle cuánto valemos. Dios quiere nuestro *quebrantamiento*: un corazón realmente compungido por nuestro pecado para que nunca queramos volver a ofenderlo de esa manera.

> Porque no quieres sacrificio, que yo lo daría;
> No quieres holocausto.
> Los sacrificios de Dios son el espíritu *quebrantado*;
> Al corazón *contrito* y *humillado* no despreciarás tú, oh
>   Dios (vv. 16-17)

Me encanta la paráfrasis de la sincera plegaria de confesión de David en la versión de la Biblia *The Message*. Fíjate si puedes identificarte con la pasión expresada en esta paráfrasis (que intenta transmitir el sentido del original hebreo en que se escribió este salmo):

> Generoso en amor: ¡Dios, dame de tu gracia!
>   Inmenso en misericordia: borra las manchas de mi pasado.
> Lávame de mi culpa,
>   y límpiame de mi pecado.
> Sé que he sido malo;
>   y mis pecados me persiguen.
> Contra ti he pecado, y tú lo has visto todo;
>   has visto todo el mal que he hecho;
> Tienes todas las pruebas delante de ti;
>   por eso, tu sentencia para mí es justa....

Dios, fórmame de nuevo,
    como en Génesis, en medio del caos de mi vida.
No me deseches como a la basura,
    ni dejes de darme tu santo aliento.
Hazme volver del triste exilio;
    y sopla un nuevo espíritu sobre mí…
Los formalismos no te agradan,
    el desempeño perfecto no significa nada para ti.
Aprendí a adorar a Dios,
    cuando fui herido en mi orgullo.
Ni por un momento, Dios deja de atender
    una vida quebrantada dispuesta a dar y recibir amor
    (vv. 1-4, 10-12, 16-17).

Mientras leías la oración de David quizás pensaste de qué manera tú también puedes haber ofendido a Dios. O tal vez tu dolor se deba a la acción de otra persona por la cual albergaste amargura en tu corazón. Quizás estés pensando que esta es una buena oración para *otra persona* que necesita pedirle perdón a Dios por lo que *te hizo*. Pero Dios quiere que tú te quebrantes y te humilles delante de Él, y le pidas que te lave y te purifique para poder tener un corazón limpio; ya sea por tus propias acciones que te han causado dolor o por cómo has *reaccionado* ante el dolor que otros te causaron.

Escribe tu propio cántico

No solo confesamos nuestro pecado para agradar a Dios y restaurar nuestra relación con Él, sino para ser sanadas.

En otro cántico, David habló de cómo se infectan nuestras heridas cuando las ocultamos, especialmente cuando esas heridas son el resultado de nuestras malas decisiones, nuestra rebelión contra Dios o nuestros deseos egoístas.

En el Salmo 32, David escribió:

Bienaventurado [o feliz] aquel cuya transgresión ha sido
    perdonada, y cubierto su pecado.
Bienaventurado el hombre a quien Jehová no culpa de
    iniquidad,

> Y en cuyo espíritu no hay engaño.
> Mientras callé, se envejecieron mis huesos
> En mi gemir todo el día.
> Porque de día y de noche se agravó sobre mí tu mano;
> Se volvió mi verdor en sequedades de verano (vv. 1-4).

David estaba diciendo que cuando se negó a abrirle su corazón a Dios y no confesarle lo que había en él, sintió como si hubiera perdido su juventud, su vigor, su energía para vivir cada día. Sentía que la culpa lo oprimía; se sentía consumido.

Ahora fíjate lo que sucedió cuando, finalmente, David confesó:

> Mi pecado te declaré, y no encubrí mi iniquidad.
> Dije: Confesaré mis transgresiones a Jehová;
> Y tú *perdonaste la maldad de mi pecado* (v. 5).

Dos versículos después, David cantó:

> Tú eres mi refugio; me guardarás de la angustia;
> Con cánticos de liberación me rodearás" (v. 7).

Primero David ocultó su pecado a Dios y trató de no pensar en la angustia que eso le había causado. Pero después *se refugió* en Dios y recurrió a Él como Aquel que podía *guardarlo* de la angustia en el futuro.

¿Entiendes lo que sucedió? Al principio, David calló aquello que le dolía física y emocionalmente. En consecuencia, se sintió consumido y derrotado, oprimido por la culpa y la vergüenza. Por lo tanto, le entregó su quebranto y su dolor a Dios y Él lo perdonó y rodeó con "cánticos de liberación" en vez de angustia y vergüenza.

Cuando le entregas a Dios el quebranto que tú misma te has causado, Él te rodea con cánticos de liberación, como este:

> Cuanto está lejos el oriente del occidente,
> Hizo alejar de nosotros nuestras rebeliones
>   (Sal. 103:12).

Eso significa que Dios no te define por tu pecado. Él no ve ese pecado que te asedia cada vez que tratas de hablar con Él. Dios no recuerda ese pecado ni te lo recuerda cuando haces otra cosa que le ofende.

Él se lleva tu pecado. *Consumado es.* Está borrado. Está cubierto.

Ahora bien, *ese* es un cántico de liberación. Es un cántico de libertad. Es un cántico que ha traído libertad al corazón y al hogar de Julia.

Después de mi conversación íntima con Julia, donde le expliqué que Dios la perdona cuando ella le confiesa su pecado, corté pequeños corazones de color rosa y escribí "Salmos 103:12" en el centro de cada uno. Luego los coloqué por toda la casa de Julia: en una pequeña cruz de madera que estaba sobre la pared de su sala, en la puerta de su refrigeradora, en un retrato junto a su teléfono. Y, en caso de que no fuera suficiente, escribí "cuanto está lejos el oriente del occidente" en un corazón y lo puse en su Biblia para que recordara que, "cuanto está lejos el oriente del occidente", Dios hizo alejar de ella sus pecados, incluso *ese* pecado.

Venda tus heridas

A veces permanecemos en un estado de dolor o vergüenza porque pensamos en la muerte y resurrección de Jesús como nuestra salvación de la condenación eterna; ¡pero no nos damos cuenta de la increíble importancia que su muerte y resurrección tiene para nuestra vida en esta tierra! Una profecía del libro de Isaías en el Antiguo Testamento, que anuncia la muerte de Jesús en la cruz, nos revela lo que Jesús consumó por medio de su sacrificio. No solo aseguró la salvación eterna de todos los que creyeran en Él por la fe, sino que también proveyó la sanidad y la restauración necesaria para quienes fueran hijos de Dios, "y si hijos, también herederos; herederos de Dios y coherederos con Cristo" (Ro. 8:17). La muerte de Cristo en la cruz no solo te dio vida *eterna*, sino también sanidad para tu vida *diaria*.

Isaías profetizó lo siguiente:

> Ciertamente *llevó él nuestras enfermedades*, y *sufrió nuestros dolores*; y nosotros le tuvimos por azotado, por herido de Dios y abatido. Mas él *herido fue por nuestras rebeliones*,

molido por nuestros pecados; el castigo de nuestra paz fue
sobre él, y *por su llaga fuimos* nosotros *curados* (53:4-5).

Permíteme explayarme sobre estos versículos para que puedas entender a fondo todo lo que Jesús consumó para ti cuando sufrió y murió
para sanarte física, espiritual y emocionalmente:

1. *Llevó* **tus enfermedades**: La palabra hebrea para "llevó"
   de este versículo significa "levantar" o "sobrellevar con
   dolor". Y la palabra para "enfermedades" puede referirse
   también a padecimiento, ansiedad o calamidad, incluida
   toda dolencia, aflicción o enfermedad. Este versículo está
   diciendo que Jesús cargó sobre Él mismo todo el dolor
   que alguien pueda soportar —físico, mental, emocional y
   espiritual— en esta tierra. *De modo que no hay nada que Él
   no conozca con respecto a tu sufrimiento, ya sea que haya sido
   causado por tu propio pecado o no.*

2. *Sufrió* **tus dolores**: La palabra "sufrió" se refiere a una
   pesada carga que requiere un trabajo extenuante. No
   como el que dice superficialmente "sé cómo te sientes";
   sino como el que se identifica con el otro y dice: "¡Llevé
   esa carga por ti y sé exactamente cuánto pesa!".

3. **Fue *herido* por tus rebeliones**: Esta frase significa, literalmente, que fue "profanado" a causa de tu "desobediencia"
   o rebeldía contra Él. Jesús fue la víctima inocente que
   pagó por todo lo que hiciste y lo que alguna vez harás, que
   merezca el castigo y la muerte que, voluntariamente, cargó
   sobre sí. Sabemos que Él lo hizo voluntariamente porque,
   más adelante, en el versículo 7, leemos que Jesús "como cordero fue llevado al matadero; y como oveja delante de sus
   trasquiladores, enmudeció, y no abrió su boca". No pataleó,
   no peleó ni se resistió cuando cargó sobre Él el pecado de
   todos nosotros. Fue herido, *voluntariamente,* en tu lugar.

4. **Fue *molido* por tus pecados**: La palabra "molido" implica
   "deshacer" o "hacer pedazos". Jesús soportó eso para darte
   la libertad del sufrimiento constante y del castigo eterno.

Su cuerpo y su reputación fueron molidos para que tú no tengas que experimentarlo.

5. **Por sus llagas fuiste *curada***: Por sus "llagas" o "contusiones" eres "curada", lo cual en este sentido significa recuperada, aliviada, restaurada y sanada por completo.[4]

Aunque Isaías dio esta palabra profética varios cientos de años *antes* de que Jesús viniera a la tierra, es interesante ver que cada referencia a la sanidad está hecha en tiempo pasado. El profeta no dijo: "Él *será* herido por nuestras rebeliones" y "por sus llagas *un día seremos* curados". Sino que Dios decidió usar el tiempo pasado. La obra de Cristo en la cruz no solo estaba predestinada y se cumplió conforme a la voluntad divina; sino que Dios la vio *ya consumada*. Y, amiga mía, en este día, Él no solo *ya* consumó su obra en la cruz, sino que los beneficios *ya* están vigentes para ti y para mí.

Jesús *ya* llevó las enfermedades que te están afectando hoy. *Ya* sufrió tus dolores, más de lo que alguna vez puedas sufrir. *Ya* te sanó y te restauró a través de las heridas que recibió en tu lugar.

Piensa en eso. Jesús ya llevó tu sufrimiento por una pérdida. *Ya* llevó el dolor que estás sintiendo porque te rompieron el corazón. *Ya* llevó las heridas que tanto deseas curar. Y así como este Jesús herido salió de la tumba con gloriosas cicatrices para mostrarnos que Él pudo conquistar el pecado y sus efectos devastadores en nuestra vida, tú también puedes experimentar una nueva vida y un glorioso testimonio de lo que ha hecho a través de ti.

Sanidad para hoy

En Lucas 4:18 leemos que Jesús se puso de pie en el templo y leyó una parte de la profecía de Isaías 61 y proclamó que Él era Aquel de quien se había escrito la profecía. Haciendo referencia a los versículos 1-2, dijo:

> Me ha enviado a sanar a los quebrantados de corazón;
> A pregonar libertad a los cautivos,

---

4. El estudio de todas estas palabras se hizo por medio de E-Sword Version 10.0.5.

Y vista a los ciegos;
A poner en libertad a los oprimidos.

La obra de Jesús en la cruz no solo fue para salvarte del tormento eterno después de la muerte y para que un día tengas un bello hogar en el cielo; sino para sanarte de toda aflicción que hayas experimentado, toda herida que te hayan provocado y toda lágrima que derrames como resultado de vivir en este mundo corrupto y contaminado por el pecado.

Cuando el perfecto Hijo de Dios dio su vida en la cruz, su sacrificio perfecto no solo se imputó y se registró en nuestra cuenta, sino que también se nos transfirió su vida.

En la proclamación del apóstol Pablo en Gálatas 2:20 descubrimos que, cuando recibimos la expiación de nuestros pecados por la muerte de Jesús en la cruz y creemos en Él para salvación, ya no somos nosotros los que vivimos. Descubrimos, además, que recibimos la vida —y la sanidad y la restauración— de Cristo:

> Con Cristo estoy juntamente crucificado, y ya no vivo yo,
> mas vive Cristo en mí; y lo que ahora vivo en la carne, lo
> vivo en la fe del Hijo de Dios, el cual me amó y se entregó
> a sí mismo por mí.

Vuelve a leer el versículo. Significa que tu verdadera identidad, como hija de Dios, ya no es la de una mujer herida. Ella murió con Jesús en la cruz. Esa mujer que sigue sintiendo remordimiento ya no eres tú. Ella fue a la tumba con Jesús cuando le pidió perdón, y salió de la tumba con una vida nueva, perdonada y regenerada. La vida que ahora vives es la vida de una mujer sana y regenerada que se identifica totalmente con Cristo.

Hoy día encuentro muchas mujeres que no pueden creer que alguna vez serán totalmente restauradas en esta tierra, debido a las experiencias dolorosas que han vivido. La acumulación de heridas tras heridas ha destruido su seguridad y confianza en sí mismas o, según su perspectiva, una serie de horribles sucesos las ha traumatizado y ya no son las que eran.

Si eres una de esas mujeres, por favor, ven conmigo a los pies de la cruz. Después admite que cada situación emocionalmente dolorosa que has vivido, cada herida física o emocional que has recibido, es el resultado del pecado de este mundo, el pecado de otro ser humano o el pecado de tu manera de pensar o actuar. Ese pecado ha sido expiado en la cruz. Y cuando creíste en Jesús y le entregaste tu vida, Él se llevó ese pecado, te reconcilió con Él y te sanó. Allí, en la cruz, Jesús hizo posible para ti la sanidad que tu alma anhela.

Nuestra primera respuesta

Por lo tanto, si la sanidad está en la cruz, ¿por qué motivo no la buscamos allí? Creo que, como seres humanos imperfectos, es natural que vayamos a cualquier otro lugar para buscar la sanidad que solo Dios puede dar.

En su libro *Mentiras que las mujeres creen*, Nancy Leigh DeMoss dice:

> Frente a las dificultades, buscamos ayuda con mayor prontitud en fuentes tangibles de consuelo, alivio o huida. Después de todo, es más fácil llamar a un amigo que nos comprenda en vez de arrodillarnos, abrir la Biblia y escuchar lo que Dios quiere decirnos… Es mucho más fácil ocultar el sufrimiento con exceso de comida o sueño, en vez de tomar la determinación de someter la carne y caminar en el Espíritu… Es más fácil pagar por una dosis de medicamento, que pedirle a Dios que nos revele si hemos dado lugar a un espíritu ingrato, exigente o amargado. Estos medios pueden ofrecer cierto alivio, pero son por completo ineficaces y pasajeros. Solo el "Dios de toda consolación" puede suplir nuestras necesidades más profundas en esos momentos.

DeMoss sigue diciendo: "Eso no significa que todo lo demás esté mal". Ella explica que una buena noche de descanso y un cambio en la dieta puede mejorar nuestro bienestar emocional y mental. Los consejeros, terapeutas o amigos pueden darnos palabras de aliento, especialmente si nos ayudan a pensar en la verdad. Un médico puede detectar y ayudar a corregir un problema físico que está afectando nuestra condición emocional.

"Sin embargo —dice ella—, nuestra tendencia a buscar en las personas y las pastillas la solución a problemas, que casi siempre pertenecen al alma y al espíritu, ha llevado a millones de mujeres a excederse en la medicación, a la ruina financiera, a la decepción y a un empeoramiento de su condición inicial".[5]

Nancy y yo no estamos diciendo que buscar consejería, terapia o medicación sea, necesariamente, falta de fe en el poder de Jesús para sanar tu vida. A menudo Dios obra a través de otros para tocarnos e impartirnos lo que tal vez no podamos o no estemos dispuestas a escuchar o aprender en otro lugar. Necesitamos personas —o una comunidad de creyentes— que nos ayuden a confrontar nuestros problemas en la vida y a ser responsables en esas áreas. Pero, por favor, no pienses automáticamente que la medicación es necesaria para la sanidad solo porque el toque de Jesús en tu vida no fue suficiente. Asegúrate de haber evaluado cuidadosamente todas las posibilidades y de haber recibido consejos de profesionales experimentados.

La sanidad en la cruz

Christina, cuya historia de una infancia difícil en medio del mundo de las drogas relato en el capítulo 3, dijo que descubrió la verdadera sanidad y libertad —de las heridas de la niñez y de las malas decisiones que tomó en sus años de estudiante universitaria— a través del estudio de la Palabra de Dios y así pudo comprender verdaderamente el mensaje de la cruz.

"Asistí a sesiones de consejería —dijo Christina—. Consulté médicos, probé con medicación. Nada funcionó. Nada dio resultado. Necesitaba la Palabra de Dios. Poco a poco fue creciendo en mí un amor y apetito insaciable por la Palabra de Dios, y allí encontré la victoria… en el mensaje de la cruz".

Así hizo Isabel. Así hizo Sandra y lo mismo hizo Julia. Todas experimentaron la sanidad completa de Jesús, que fue posible por medio de su muerte y resurrección. Y la excelente noticia es que la sanidad y la libertad que ellas han experimentado *ya* están vigentes para ti.

---

5. Nancy Leigh DeMoss, *Mentiras que las mujeres creen y la verdad que las hace libres* (Grand Rapids, MI: Editorial Portavoz, 2004), pp. 189-190.

PASO #4 *Hacia la sanidad y la plenitud*

Recapacita en —y recibe— el poder sanador
de la muerte de Jesús por ti en la cruz.
*Es suficiente para sanar hasta las más profundas de tus
heridas, incluso las que tú misma te provocaste.*

DEJA QUE CONTINÚE LA SANIDAD

1. La Biblia nos habla de una mujer enferma, que los profesionales médicos de esa época consideraban incurable. Sin embargo, algo extraordinario sucedió cuando Jesús la tocó. Lee Marcos 5:24-34 y responde cuidadosamente las siguientes preguntas:

    a. ¿Esa mujer sanó de inmediato o gradualmente?

    b. ¿Cuál fue la respuesta de la mujer (observa el final del v. 33)?

    c. ¿Cuál dijo Jesús que fue la razón de su sanidad?

    d. Es tiempo de decirle a Jesús "toda la verdad" sobre algo que te ha estado atormentando en tu vida. Hazlo ahora en oración.

2. Lee Juan 9:1-12 y responde las siguientes preguntas:

    a. ¿La ceguera de ese hombre se sanó de inmediato o fue un proceso?

    b.   ¿Qué tuvo que hacer ese hombre para sanarse?

    c.   ¿Qué podría querer Dios que hagas antes de sanarte? (Piensa en términos de sinceridad, responsabilidad, obediencia, etc.).

3. Lee Santiago 5:13-16.

    a.   ¿Qué nos dice este pasaje de la comunidad de creyentes y cómo los usa Dios?

    b.   ¿De qué manera puedes recurrir a tu iglesia o grupo pequeño para que te ayuden en tu momento de necesidad?

4. Con el Salmo 51 como una guía para orar, confiesa a Dios las cosas que tienes escondidas en tu corazón. Si te animas, escribe tu oración o confesión aquí.

Una oración de sanidad

Precioso Señor, examina mi corazón. Quiero estar sana y restaurada para ti, aunque eso signifique dejar que tu luz alumbre las tinieblas que hay dentro de mí… la vergüenza que escondo, el resentimiento que me invade, el temor que a veces trata de dominarme. Dios, quiero vivir en tu luz como una hija segura y apta para ti. Pero para eso debo ser libre de las cosas por las que aún tengo que perdonarme. Dame consciencia de lo que todavía guardo en mi corazón y ayúdame a entregártelo. Ayúdame también a entender y aceptar que lo que hiciste por mí en la cruz fue suficiente para borrar mi pecado y restaurar mi vida.

Gracias porque todo es posible para ti; incluso redimir y restaurar a alguien como yo. Te entrego mi corazón y confío que extirparás con cuidado todo aquello que no te guste, que aliviarás el dolor y que tratarás la enfermedad de cualquier pecado persistente en mí con tu fuego purificador. Señor, arranca de mí toda raíz de amargura que me esté infectando. Derriba toda pared de resentimiento o duda. Drena todo estanque de culpa o vergüenza para que pueda estar sana y restaurada en ti. Que pueda ser un testimonio del poder de tu sanidad y tu esperanza.

5

Así soy yo

Recibe una nueva identidad

Durante años, Natalia vivió esclava de sus temores sin siquiera darse cuenta.

Ella sabía que su esposo la amaba, pero estaba presa del temor y la ansiedad de que un día la abandonara.

"Dudaba constantemente de su fidelidad, aunque no tenía una razón lógica para pensar eso —dijo ella—. Lo ponía a prueba continuamente con preguntas acusatorias que atacaban su carácter. Trataba de controlar con quién se veía. Y descubrí que no podía confiar en él, sin importar cuánto lo intentara y cuánto clamara a Dios".

Natalia se sentía desdichada y, sin querer, estaba poniendo en peligro su matrimonio. "Yo sabía que Dios era suficiente para suplir todas las necesidades de mi corazón. Sabía que Dios nunca me desampararía ni me fallaría, pero no lo manifestaba en mi manera de vivir. Era muy insegura y necesitaba desesperadamente que mi esposo supliera esas necesidades".

Esto continuó por algunos años hasta que, finalmente, Natalia le dijo a Dios que estaba cansada de orar por sus problemas y no ver ningún cambio en su vida.

"Le dije a Dios que ya no iba a orar por eso. Que seguiría viviendo con esa realidad en mi vida".

A veces adoptamos esa actitud, ¿verdad? Estamos tan cansadas de tratar con asuntos dolorosos de nuestra vida y de preguntarnos cuándo llegará la sanidad que necesitamos, que es más fácil resignarnos a los problemas que nos causan nuestras heridas y concluir que nada cambiará.

¿Alguna vez dijiste: "Así soy yo" o "Así son las cosas"? El problema con esta actitud de resignación es que nos impide seguir explorando y hacer las preguntas que podrían traer alivio: ¿Por qué tengo esta herida en mi corazón? ¿Cuál es la raíz? ¿Qué tiene que sanar Dios en mi vida para que este temor deje de dominarme?

Incluso Natalia admitió: "Sé que podría dar que pensar lo que hice. Estaba tomando una actitud de derrota en vez de confiar que Dios iba a obrar en mí".

Se sentía derrotada y deprimida. Y pensaba: *¿Cómo se pudo desgastar tanto mi matrimonio de veinticinco años? ¿Cómo caí en semejante estado emocional?*

Destapa tus heridas

Como la mayoría de las mujeres, Natalia tenía heridas sin tratar en su corazón; problemas de su niñez que nunca había reconocido ni enfrentado. Estaba vendada por mentiras que la habían acompañado durante años y que seguía creyendo. Estaba condicionada por ciertos conceptos de sí misma y nunca se había molestado en desprenderse de tales calificativos. Especialmente dañino era el hecho de que Natalia había cometido el error de creer la mentira: *Así eres tú y nunca cambiarás.*

Todas pasamos por momentos decisivos en nuestra vida, que pueden jugar un papel muy significativo en la mujer que un día seremos y en qué dirección tomaremos. Para Natalia, ese momento decisivo fue a los cinco años de edad, cuando en la sala de su casa vio cómo los paramédicos se llevaban el cuerpo de su padre en una camilla y se sintió muy sola. Su madre, que había estado totalmente dedicada a la enfermedad de su padre y al cuidado de un bebé con una enfermedad muy grave, se había distanciado emocionalmente de Natalia para atender a sus seres queridos que estaban al borde de la muerte. De modo que al día que su padre falleció, fue como si Natalia hubiera perdido a sus *dos* padres… y se sintió desesperadamente sola. Nadie le aseguraba que estaría a su lado. Nadie la consoló en su tristeza.

"Al estar marginada dentro de mi familia, me llené de sentimientos de temor, incertidumbre, inseguridad, inestabilidad y ansiedad. Y, aunque en ese momento no lo sabía, empecé a desarrollar un sistema de creencia cubierto de mentiras tales como *estoy sola; no soy importante; nadie me quiere; algo está mal en mí*".

Esa inseguridad, junto al temor de la muerte, llevó a Natalia a aceptar a Cristo como su Salvador a los ocho años de edad. Pero lo aceptó por su necesidad de un "Padre", sin entender que también necesitaba un Salvador. Ella anhelaba un padre de quien nunca se separaría, y la promesa de Dios de que sería su Padre por toda la eternidad y que nunca la desampararía fue algo a lo que no se pudo resistir. Pero, aunque creyó en Dios y en su promesa de vida *eterna*, Natalia no se dio cuenta de que también podía confiar en Él en su vida *emocional*. Y terminó arrastrando esos sentimientos de inseguridad e inestabilidad hasta su juventud. Durante sus dos últimos años en la escuela secundaria y sus primeros años en la universidad, inició una relación con un hombre que le dio la atención que tanto ansiaba.

"Pero lo que pensaba que era amor, en realidad, era atracción física. Le di mi corazón, mi mente y mi cuerpo. Mis débiles límites me hicieron perder identidad con ese muchacho y la relación se fue deteriorando hasta llegar a ser una dependencia enfermiza".

"Esa debería haber sido una gran señal de advertencia de que las cosas no estaban bien en lo profundo de mi ser, pero no me di cuenta. En consecuencia, hice la promesa de evitar toda relación con los hombres para que no me volvieran a lastimar".

Así fue que se las ingenió para no salir con ningún hombre por siete años, durante los cuales adquirió un sentido de su propia inmoralidad y su necesidad de un *Salvador*, no solo de un Padre celestial. "Quería amar a Jesús con todo mi corazón. Entonces empecé a participar en estudios bíblicos y en el ministerio cristiano".

Unos años después que terminara la universidad, Natalia se casó con Timoteo, un antiguo amigo que compartía su misma visión de servir a Dios. Aunque para ella era una relación segura y de confianza, mantenía cierta reserva en su corazón.

"No podía entregarle mi amor sin reservas", dijo ella. Sin saberlo, seguía lidiando con heridas de su pasado. Tenía miedo de que la abandonaran.

Varios años después de ser mamá, sucedió un imprevisto y Natalia invitó a su madre a ir a vivir a su casa. Los conflictos sin resolver entre ambas deterioraron rápidamente su relación. Natalia creía que su madre desaprobaba cómo estaba criando a sus hijos y se distanció de ella para evitar sus críticas. En un intento por protegerse del dolor, sin querer,

Natalia terminó haciéndole a su madre lo mismo que ella creía que su madre le había hecho a ella cuando era niña.

Natalia sentía que Dios estaba descontento con ella por no haber tratado de enmendar su relación con su madre y cayó en una profunda depresión. Llegó hasta el punto de no tener fuerzas ni para levantarse de la cama. Su dolor la llevó a pensar que no había salida. Desesperada por la sanidad de sus heridas, clamó a Dios.

"Parecía como si mis oraciones golpearan contra una pared de cemento. Cuando leía la Biblia, las palabras de Dios ya no estaban 'vivas y activas' para mí. Lo peor que me pudo pasar fue no sentir la presencia de Dios en mí. Le dije que podía soportar *cualquier cosa* mientras pudiera sentir su presencia".

Una noche soñó que estaba sentada en un enorme auditorio rodeada de amigos, familiares y desconocidos. En la plataforma estaba Jesús parado junto a una larga mesa. De pronto, caminó hacia la audiencia, se acercó a Natalia y la invitó a ir con Él a la mesa del banquete. Dirigiéndose a ella y a todos los presentes, dijo: "la amo y la invito a comer conmigo en esta mesa que preparé para honrarla". Natalia dijo que su sueño fue un vívido cuadro del Salmo 23:5 ("Aderezas mesa delante de mí en presencia de mis angustiadores").

Un nuevo rayo de esperanza

"Me desperté de ese sueño con la seguridad de su amor por mí y una nueva esperanza —dijo Natalia—. Ese día salí de la cama y empecé a sanarme de mi depresión".[1] Natalia había decidido creer que Jesús realmente la amaba, aunque la mayor parte de su vida había sentido que nadie la quería. Por lo tanto, se sumergió en el estudio de la Biblia para seguir conociendo y confiando en este Dios que la amaba y prometía que nunca la desampararía.

Cuando Natalia empezó a experimentar una relación restaurada

---

1. Natalia y yo advertimos a las lectoras en cuanto a depender de los sueños para escuchar la voz de Dios. Debido a que nuestro subconsciente desempeña un rol importante en nuestros sueños, con frecuencia escuchamos nuestros propios pensamientos más que a Dios. Sin embargo, dado que este sueño no contradijo las Escrituras, sino que le confirmó a Natalia el versículo de Salmos 23:5 que ella recordaba, Natalia cree que Dios usó este sueño para ratificarle una verdad bíblica y para hablarle de una manera que de otro modo no hubiera escuchado o entendido.

con Dios, pudo experimentar lo mismo con su madre y con su esposo también.

"Poco a poco empecé a dar pequeños pasos de acercamiento hacia mi madre. Aprendimos a perdonarnos una a la otra. Y, durante los siguientes cinco años, vi a Dios reconciliar nuestra relación".

Dios restauró la relación de Natalia con su esposo también, mediante un proceso de oración y reflexión en las Escrituras.

"Mi esposo empezó un trabajo que requería viajar mucho. Me parecía que era el terreno propicio para una infidelidad. Como no podía soportar esa idea trataba de abstraerme emocionalmente, otra vez, para poder superarlo. Nos habíamos mudado a otro estado. Sin mi red de apoyo y sus continuos viajes, me sentía muy sola".

Natalia empezó a participar en un grupo de su iglesia que estudió durante todo un año las disciplinas cristianas de la oración, el ayuno, la meditación y el retiro.

"Me parecía que todas las disciplinas tenían que ver con escuchar a Dios, escuchar su voz y obedecer sus impulsos. Me di cuenta de que, en algún momento, había perdido esa clase de interacción con Él. Le dije a Dios que si me hablaba haría cualquier cosa que me mostrara".

Cuando Natalia empezó a practicar las disciplinas de la oración y la meditación en la Palabra de Dios, pudo ver de qué manera se había comportado en todas las relaciones de su vida. Se dio cuenta de que realmente creía que todas las personas que amaba la iban a abandonar y que lo harían porque había algo en ella que no estaba bien. Ese fuerte temor al abandono estaba afectando negativamente sus relaciones y, por consiguiente, o se entregaba de lleno a una relación o se aislaba. No podía encontrar un equilibrio.

"Desarrollé varios patrones pecaminosos diferentes. Los que más caos provocaron en mi familia fueron mi aguda ansiedad por el temor de perderlos y el control que trataba de ejercer sobre las cosas y las personas para evitar que eso sucediera. Mis hijos se resentían conmigo por mi tendencia a sobreprotegerlos y mi esposo se molestaba conmigo por seguir de cerca cada uno de sus movimientos".

Cuando Natalia reconoció sus patrones de conducta, que eran resultado de su pensamiento erróneo, fue el primer gran paso hacia su recuperación. Su siguiente paso fue buscar sanidad, sin importarle lo que costara.

El paso siguiente

El paso que cambio la vida de Natalia fue tomar la decisión de creer que Dios *quería* liberarla de la esclavitud en la que se encontraba. De modo que empezó a orar por esa libertad.

"Oraba todos los días y le decía a Dios que le permitiría trabajar en mi corazón y sanarme, y que mi temor, mi incredulidad y mi duro corazón no interferirían ni opacarían la obra que Él quería hacer en mi vida. Le dije que tendría el valor de atravesar toda puerta hacia la sanidad que Él pusiera delante de mí".

Este compromiso de orar por la libertad era otro paso decisivo en el proceso de su sanidad. Natalia creía que Dios quería que les confesara sus temores y ansiedades a otras personas cristianas en las que ella pudiera confiar y que les pidiera apoyo de oración. Además, participó de una sesión de oración reflexiva en su iglesia, que estaba centrada en la sanidad emocional a través de la oración y la rendición de cuentas.

Durante una de las sesiones de oración reflexiva, Natalia se concentró en su temor a quedarse sola. Recordó cuando, a los cinco años de edad, estaba en la sala de su casa y miraba cómo los paramédicos se llevaban el cuerpo de su papá en una camilla.

"Todo ese recuerdo era muy perturbador para mí. Sufrí mucho. Estaba muy triste y confundida. Creía que estaba sola en ese momento. Cuando oramos para saber qué verdad quería Dios que supiera de ese momento de mi vida, tuve en mi mente una visión muy gráfica de Jesús que estaba a mi lado y que sentía mi mismo dolor. Estas son las palabras que vinieron a mi corazón: 'Sé que esto te duele, Natalia, pero estaré contigo'. Inmediatamente, sentí un gran alivio y la soledad y la tristeza se fueron. Más tarde pensé que esas eran las palabras que necesité que alguien me dijera en ese momento. Necesité que alguien refrendara cuánto sufría y me asegurara que estaría conmigo. Puesto que ahora Jesús era aquel que había hecho eso, todo estaba bien".

"Ahora, cuando pienso que Dios nunca me dejará ni me desamparará, puedo creerlo de verdad. *Toda mi vida* conocí ese versículo ['porque él dijo: No te desampararé, ni te dejaré' (He. 13:5)], pero en ese momento, finalmente, lo sentí en mi corazón. Ahora que esa verdad estaba grabada en mi corazón, comenzó a producirse en mí una transformación sorprendente. Empecé a relacionarme de otra manera con mi esposo. Ya no sentía ese temor a que me abandonara. No sentía la compulsión de conocer cada detalle de su día. Ya no me sentía agitada internamente por esas cosas. Podía confiar en él y en Dios".

Cuando Natalia aprendió a confiar que Dios nunca la desampararía, pudo confiar que su esposo —y otros— tampoco lo harían. Cuando descubrió que amar a Dios no era un riesgo, se dio cuenta de que podía amar a otros también, sin importar el riesgo.

El esposo de Natalia se sorprende por la diferencia en su manera actual de relacionarse con él. Y ella misma se sorprende de cómo Dios abrió su corazón y le permite amar a su esposo y a otros como nunca antes.

Natalia dijo que no fue el sueño que había tenido años antes ni la percepción de la presencia de Jesús durante su sesión de oración reflexiva lo que produjo el mayor cambio en su vida. Esas fueron experiencias emocionales que todos queremos, y a menudo las queremos inmediatamente. Pero las experiencias emocionales son poco comunes y, cuando *buscamos* experiencias emocionales, contradecimos, precisamente, aquello que le agrada a Dios: poner nuestra confianza y fe en Él (He. 11:6). En cambio, fue la oración diaria y la lectura de la Biblia, año tras año, lo que preparó el terreno del corazón de Natalia para que el Espíritu Santo hiciera una obra de sanidad en ella. Esos momentos de oración y lectura bíblica diaria, dijo ella, fueron decisivos para que cambiara esa mentalidad de "así soy yo" por "así soy en Cristo".

Natalia tuvo que desechar su antigua manera de pensar y buscar su nueva identidad en Cristo. Esa nueva identidad afirmaba que ella no era una hija no deseada, insignificante y abandonada. Sino que Dios la amaba, siempre la había amado y prometía que nunca la desampararía. Por lo tanto, no tenía razón para temer que Dios ni nadie la abandonaran.

Tu verdadera identidad

Cualquier mujer puede encontrar un obstáculo en su crecimiento personal debido a las heridas de su corazón y es probable que, en determinado momento, tampoco pueda crecer espiritualmente. Pero el elemento común para ser libre de la esclavitud de nuestro pasado es dejar de vernos a la luz de nuestras circunstancias pasadas, para vernos a la luz de nuestra condición presente. Debemos aprender a vernos como Dios nos ve: una mujer nueva y regenerada, no una mujer herida.

Creer lo que Dios dice de ti requiere más que solo pensamiento positivo. Requiere fe; fe para creer que cuando Él dice que eres una nueva persona, lo dice en serio.

La Palabra de Dios dice que cuando crees en Cristo para el perdón de tus pecados y la vida eterna, te conviertes en una hija adoptada por Dios (Jn. 1:12; Ro. 8:14-17). Y en esa relación como su hija tienes una nueva identidad, que no incluye la corrupción o el caos de tu pasado, o los problemas de tu presente o los temores de tu futuro. En tu nueva identidad, Dios te llama:

- *Su hija*. Juan 1:12 dice: "Mas a todos los que le recibieron, a los que creen en su nombre, les dio potestad de ser hechos hijos de Dios".

- *Su amiga*. Jesús dijo: "Ya no os llamaré siervos, porque el siervo no sabe lo que hace su señor; pero os he llamado amigos, porque todas las cosas que oí de mi Padre, os las he dado a conocer" (Jn. 15:15).

- *Una santa*. En Efesios 1:1 se llama santos a los creyentes en Cristo. *Sí, pero yo no soy una santa,* podrías estar pensando. Tu proceder puede que no siempre lo sea, pero tu condición en Él sí lo es. Dios te ve perfecta, porque estás cubierta por la justicia y la benevolencia de Cristo.

- *Perdonada*. Colosenses 1:14 dice que has sido redimida (readquirida) y perdonada de todos tus pecados: pasados, presentes y futuros. De modo que tus pecados pasados —o heridas— ya no pueden definirte. Dios hizo borrón y cuenta nueva.

- *Completa*. ¿Sientes que eres una obra en proceso? Muchas mujeres se describen de esta manera, en referencia a que todavía no son lo que Dios desea de ellas. Pero la Palabra de Dios es la autoridad final y dice: "vosotros estáis completos en él" (Col. 2:10). La obra *ya* ha sido hecha. Solo necesitas vivir en esa verdad y aceptarla.

- *Segura*, ya sea eterna como diariamente, en Él. No hay ninguna condenación para ti (Ro. 8:1-2), nadie puede acusarte (Ro. 8:31-34) y eres libre de la posibilidad de que te desamparen (He. 13:5).

- *Amada incondicionalmente.* Romanos 8:35-39 dice que *nada* puede separarte del amor de Dios… ¡nada! Ni la muerte, ni la vida, ni las circunstancias, ni el pecado, ni las malas decisiones o una etapa de rebelión.

- *Su templo.* Eso significa que Dios vive en ti. Tu corazón es su morada. Y habita en ti todos los días (1 Co. 6:19).

- *Miembro de la realeza.* Te hizo sentar en los lugares celestiales con Cristo Jesús (Ef. 2:6).

- *Su obra maestra.* Él dice que eres "obra maestra de Dios". Te creó para buenas obras, lo cual Dios ya había planeado desde antes que nacieras (Ef. 2:10, NTV).

- *Plenamente capaz por su poder.* La Palabra de Dios dice que "todo" lo puedes en Cristo que te fortalece (Fil. 4:13).

- *Su posesión.* La Palabra de Dios dice que no eres tu propia dueña; le perteneces a Él, porque pagó un "precio" por ti (1 Co. 6:20). Eso significa que Dios te protege y te sostiene, porque eres de Él. Eso también significa que nada puede tocarte sin que primero pase por sus manos de amor. (Veremos más sobre este concepto en el próximo capítulo cuando estudiemos tu responsabilidad con Aquel que te compró).

Así soy yo

Cuanto más reafirmes quién eres en Cristo, más se reflejará tu verdadera identidad en tu comportamiento. Sin embargo, puedes negarte a vivir en tu nueva identidad si insistes en verte a través de tus heridas. ¿Has escuchado alguna vez decir a alguna mujer o quizás tú misma lo has dicho…?:

- "Soy hija de un padre alcohólico; por eso tengo la predisposición a ciertas conductas disfuncionales. No podía ser de otra manera".

- "No tengo amigas cercanas, porque ninguna persona me infunde tanta confianza como para acercarme a ella. Así soy yo".

- "Debido a lo que me sucedió en el pasado, siempre fui insegura".

- "Quedé marcada por el abandono. Por eso soy así".

- "Nunca tuve muchas amigas. No confío en ellas y nunca lo haré".

- "Siempre necesité un hombre en mi vida, y eso nunca va a cambiar".

- "Detesto estar sola. Me remonta a mi niñez. Así soy yo".

- "Siempre me preocupo cuando no veo a mis hijos. No lo puedo evitar como madre".

- "Lamento haberme puesto tan a la defensiva. Deberías saber que soy así".

Las Escrituras refutan por completo este tipo de pensamientos y aclaran que, cuando estamos en relación con Cristo, ya no somos *así*. Los temores, los problemas, las incapacidades, las dudas y las debilidades que comprometieron tu identidad en el pasado han sido borrados, y ahora posees la identidad y el carácter de Cristo. Como declara Gálatas 2:20: "*Con Cristo estoy juntamente crucificado*, y ya no vivo yo [la que antes eras quedó en la cruz con Cristo], mas vive Cristo en mí; y lo que ahora vivo en la carne [tu identidad presente], lo vivo en la fe del Hijo de Dios, el cual me amó y se entregó a sí mismo por mí". (Tienes una nueva identidad: amada y redimida). ¿Comprendes? La que antes eras, ya no existe. La nueva mujer que eres ha adoptado la identidad y las características de Cristo.

En 2 Corintios 5:17 dice que si estás en Cristo eres "nueva criatura… las cosas viejas pasaron; he aquí todas son hechas nuevas". Eso significa que las antiguas conductas, las inseguridades, las ansiedades, los malos hábitos, las dudas, los temores, la incapacidad de confiar y otros complejos de tu pasado ya no existen. Y la nueva mujer que eres se mueve en amor, gozo, paz, paciencia, benignidad, bondad, fe, mansedumbre y templanza, que son evidencia del control del Espíritu Santo sobre tu vida (Gá. 5:22-23).

Y, aun así, todas tenemos momentos cuando volvemos a la vieja vida, antiguas heridas, antiguos problemas, antiguas conductas.

La nueva identidad de María

En las Escrituras leemos de una mujer llamada María Magdalena, que estaba entre los seguidores cercanos de Jesús. Contrario a los mitos, las leyendas y los malentendidos comunes, ella no fue la mujer sorprendida en adulterio (Jn. 8:1-11), ni la "mujer pecadora" —de quien no conocemos su nombre— de Lucas 7:37-38, que ungió los pies de Jesús y los enjugó con su cabello. Todo lo que sabemos de su pasado, antes de su encuentro con Jesús, es una línea descriptiva que está llena de implicaciones. La Palabra de Dios la describe como una mujer "de la que habían salido siete demonios" (Lc. 8:2).

¡Increíble! Esta mujer no había sido poseída por uno, sino por siete demonios. ¡Ese sí que fue un pasado difícil! Lo que me parece interesante de ella es que en su encuentro con Jesús no se ve ningún indicio de que fuera esclava de su pasado, o que se sintiera avergonzada o perseguida por su pasado, o que estuviera resignada de cierta manera a su pasado. En otras palabras, cuando Jesús la hizo libre de la posesión demoníaca, no siguió teniendo problemas.

Como una seguidora del ministerio de Jesús (Lc. 8:1-3), no leemos que María se sintiera mal cuando Jesús echaba fuera demonios de otras personas, porque ella lo había vivido en carne propia. No leemos que tuviera que irse o que se perturbara cuando Jesús tenía contacto con otros endemoniados que buscaban ser libres. No tenemos ningún registro de que haya sentido temor o ansiedad al estar expuesta a situaciones "demasiado conocidas" para ella.

Sin embargo, sabemos que, al tercer día de la muerte de Jesús, María Magdalena fue parte de un grupo de mujeres que se levantó temprano para ir a su tumba. Esta mujer no se quedó lejos pensando: *Estar cerca de personas muertas me impresiona por lo que viví en el pasado.* No estaba convencida de que: *Por lo que pasé, no puedo ni acercarme a una tumba.* Todos "los demonios de su pasado" se habían ido, literal y figurativamente. Ya no vivía en temor, vergüenza o tormento por los problemas de su pasado. Todo lo que vemos en ella es su nueva vida: una vida totalmente sanada y comprometida a seguir a Jesús.

El maestro de la Biblia John MacArthur menciona lo siguiente sobre el comportamiento y la sanidad de los endemoniados:

> Los espíritus inmundos nunca entraban voluntariamente a la presencia de Cristo. Ni permitían, conscientemente, que alguien poseído por ellos se acercara a Él. A menudo gritaban contra Él (Lc. 4:34). A veces provocaban convulsiones violentas en un último esfuerzo desesperado por mantener alejadas de Él las almas desdichadas que poseían (Mr. 9:20); pero, soberanamente, Cristo atraía y liberaba a multitudes de endemoniados (Mr. 1:34, 39). *Su emancipación de la esclavitud demoníaca siempre era instantánea y completa.*
>
> María Magdalena fue una de ellas. No se menciona cómo y cuándo fue liberada, pero Cristo la hizo libre, y ella fue verdaderamente libre. Una vez libre de los demonios y el pecado, vino a ser una sierva de la justicia (Ro. 6:18). Su vida no solo fue reformada; sino absolutamente transformada.[2]

¿Eres libre de un pasado como el de María Magdalena? ¿O sigues permitiendo que te atormente o incluso que determine quién eres hoy? Cuando me doy cuenta de que estoy justificando mi comportamiento por cosas del pasado o que estoy diciendo expresiones como: "Así soy yo", una profunda convicción atraviesa mi corazón y vuelvo a recordar que Cristo murió por mí para redimir *mi manera de ser* y hacerme *más semejante a Él*. Cuando ciertos asuntos de mi pasado empiezan a perturbarme, me tengo que preguntar: "¿Se llevó Jesús eso o no?". La verdad es que Él cumplió su parte por completo. Yo tengo que cumplir la mía. Y mi parte es confiar que "las cosas viejas pasaron; he aquí todas son hechas nuevas".

---

2. John MacArthur, *Twelve Extraordinary Women* (Nashville, TN: Thomas Nelson, 2005), p. 176 (cursivas añadidas). Edición en español *Doce mujeres extraordinarias*, Thomas Nelson, 2006.

Un estado constante de crisis

A veces no dejamos que las cosas viejas pasen. Así como podemos ignorar nuestra verdadera identidad al decir: "Así soy yo", también podemos ignorar las bendiciones de nuestra nueva vida y no progresar porque tenemos una mentalidad de "Así es la *vida*".

¿Conociste alguna vez a una de esas personas que están en un constante estado de crisis? Pareciera que siempre les pasa una cosa tras otra y están en un perpetuo estado de dolor.

Nora era una de esas personas. Hace varios años me reunía regularmente con ella para discipularla.

—¿Cómo te va esta semana? —le preguntaba.

—Bueno, ya sabes, siempre hay problemas —decía Nora.

A la tercera semana, refuté su respuesta.

—¿*Siempre* hay problemas? ¿*De veras*? ¿A qué te refieres?

Entre los dos hijos adultos de Nora, uno que siempre estaba huyendo de la ley y el otro que estaba experimentando constantes problemas de salud como resultado del uso de metanfetaminas y la familia extendida de Nora, incluidos los hermanos de ella que consumían drogas, combatían una enfermedad o participaban de algún tipo de escándalo, Nora explicó que cada día era bastante caótico.

—Hace tanto tiempo que vivo rodeada de problemas que no sabría cómo funcionar en un mundo donde las cosas me fueran bien —dijo.

Y no estaba siendo sarcástica. Se había acostumbrado a vivir así. Era lo que esperaba. Era todo lo que conocía.

—¿Qué tal si cada día fuera una bendición? —le pregunté, y ella me miró como si yo estuviera loca—. Tienes vida, ¿verdad? Tus hijos están vivos. Tu hijo, por milagro, no está en la cárcel en este momento. Tus nietos están sanos. Y ¿qué me dices de la bendición más grande de esta tierra? Tienes una relación personal con el Dios del universo y eres heredera de todo esto.

La llevé al libro de Efesios y le recordé su herencia espiritual y el hecho de que le espera una vida eterna. Lo que vimos pareció alentar a Nora y se fue a su casa con mejor ánimo ese día. Pero, a la semana siguiente, cuando le pregunté cómo estaba, dijo: "Bueno, ya sabes. Lo mismo de siempre. Los mismos problemas de siempre".

¿No estás cansada de *las mismas cosas de siempre*? Yo sí. Cristo murió para hacernos *libres* de las mismas cosas de siempre. Los mismos pecados de siempre. Los mismos hábitos de siempre. Las mismas excusas de siempre. Los mismos problemas de siempre.

¿Qué me dices si tú y yo nos concentráramos cada día en las bendiciones que Dios nos ha dado? Estoy segura de que las veríamos. Y después, de repente, *las mismas cosas de siempre* serían reemplazadas por *algo totalmente nuevo*.

Sal de tu estado de crisis

Quince años después estaba discipulando a una mujer llamada Patricia. No más de un año después de recibir a Cristo en su corazón, le diagnosticaron un carcinoma ductal. Después de recibir varios diagnósticos, se enteró de que tendría que someterse inmediatamente a una doble mastectomía y una reconstrucción de seno dentro de los cuatro a seis meses siguientes para extraer de su cuerpo un cáncer de rápido crecimiento. Mientras todavía estaba procesando esa noticia, su esposo Óscar se accidentó en el trabajo cuando una pared de concreto cayó sobre él y le aplastó varias vértebras, le quebró una muñeca y casi lo mata o lo deja paralítico. Después de casi un mes en el hospital, le dieron de alta y, entonces, Patricia ingresó en el hospital para su cirugía. Luego, mientras los dos se estaban recuperando, Óscar perdió su empleo, su padre falleció y su madre sufrió un ataque cardíaco. Patricia empezó a tener una expresión de tristeza en sus ojos.

"¿Cuándo se va a terminar todo esto?", me preguntó exasperada.

Al día siguiente de que se bautizara en nuestra iglesia, Patricia me envió un mensaje de texto para informarme que sus padres se habían ido de la ciudad debido a un repentino y grave problema de salud de su papá.

"Justo cuando las cosas estaban empezando a tranquilizarse, mi papá tiene este problema de salud", dijo.

El comentario de Patricia me hizo pensar en la vida en general. ¿Sabes qué? *Siempre* habrá algo en este mundo que nos cause temor o descontento. Así es el mundo en el que vivimos. Somos mortales, y también lo son las personas que nos rodean. Envejecemos, nos accidentamos y nos enfermamos, tenemos problemas de salud, problemas financieros y decepciones, tenemos hijos rebeldes o con problemas de comportamiento, padres mayores, vecinos molestos, causas judiciales que nos amenazan y mascotas que se mueren. Siempre enfrentaremos circunstancias que nos tientan a sentir que la vida es injusta, que nos está castigando, que Dios está en silencio. Sin embargo, cada situación difícil en este mundo tan cambiante es otra oportunidad para aferrarnos a nuestro Señor que nunca cambia.

Le envié un mensaje de texto a Patricia, donde le dije: "Siempre habrá algo por lo cual aferrarnos a Dios". Patricia respondió que estaba volviendo a poner en práctica el versículo de Filipenses 4:6 en medio de sus circunstancias: "No se preocupen por nada; en cambio, oren por todo. Díganle a Dios lo que necesitan" (NTV).

Después me envió otro mensaje más: "Ayer estaba muy alterada, pero oré por eso y en este momento estoy relativamente tranquila. Gracias por tus oraciones".

Patricia estaba aprendiendo, día a día, momento a momento, a confiar en Dios en los incidentes de la vida diaria. Y, además, está aprendiendo a llamarlos así, en vez de referirse a ellos como problemas.

¿Puedes ver la diferencia entre Nora y Patricia? Nora estaba en un constante estado de crisis. Esperaba los problemas. Se sentía cómoda en ese estado. Se había acostumbrado a estar así. ¿Por qué querría dejar ese estado? *Los problemas habían llegado a ser parte de su identidad.* Patricia, por el otro lado, decidió vivir de otra manera. Salió de su estado de crisis y entró en un estado de esperanza. Puso sus ojos en Cristo, no en sus circunstancias. *Su esperanza llegó a ser parte de su identidad.*

¿Eres una mujer con esperanza? Si todo lo que tienes es esta vida, te dejarás vencer por tus circunstancias y no tendrás esperanza. Pero si tienes la vida de Cristo en ti, tienes la verdadera esperanza. ¡Entonces, manifiéstala!

Déjate formar

Espero que cuando leas las historias de las diferentes mujeres de este libro, notes un patrón. Isabel ya no se ve como una pobre niña inmigrante de una familia disfuncional. Sabe que es una hija amada de Dios con un futuro brillante y prometedor. No se ve como una niña no deseada y mala, a quien su padre dijo que nadie amaría jamás. En cambio, se ve como una hija del Rey con un gran potencial de vivir el propósito divino para su vida. Y Christina, que creció en un lugar remoto, sin ley y que buscaba comida en los contenedores de basura, ahora conoce íntimamente al Pan de vida (Jn. 6:48) y sabe que nunca volverá a tener hambre.

Todas estas mujeres admitirán que las mentiras de su pasado aún las acechan de vez en cuando. Pero han podido reconocer las mentiras y reemplazarlas con la verdad de su identidad en Cristo.

Christina dice: "Cuando escucho las mentiras: *nunca cambiarás; nunca serás diferente*, tengo que decir: 'Señor, *sé* que puedo cambiar. Sé que *he* cambiado'".

Necesitas un disco duro nuevo

Podemos vivir en nuestra nueva identidad —en vez de aferrarnos a la antigua, la herida— si le pedimos a Dios que "vuelva a escribir" nuestro disco duro. Está en nuestro disco duro interno pensar, responder, comportarnos de cierta manera. A veces se manifiesta cuando menos lo esperamos. Pero es algo que debemos controlar y rendir al poder sanador de Jesús.

"Examínate antes de desmoronarte", dice a menudo Patricia. Y es un buen consejo. Debemos estar constantemente alertas de esos sentimientos de temor de nuestro pasado, que pueden filtrarse en nuestro presente y distraernos de quiénes somos en Cristo. Esta es una manera de examinarte para ver si el disco duro de tu vida indica lo que Dios volvió a escribir sobre ti:

1. No permitas que nada estorbe tu sanidad

Christina, cuya historia está en el capítulo 3, dijo que tuvo que tomar la decisión deliberada de no permitir que nada se interpusiera en el proceso de su sanidad total.

"Para mí, Dios no solo puede, sino que *está dispuesto* a sanarme. Una cosa es decir que 'Él *puede* hacerlo'. Pero otra cosa es decir que 'Él *está dispuesto* a hacerlo' y que 'Él *quiere* hacerlo'. Tuve que participar activamente y decir: 'No hay nada que pueda impedir que por sus llagas sea sanada. No hay nada que pueda impedir que Él me sane. Debemos tomar la determinación de no abandonar nuestro proceso de sanidad'".

Christina comentó: "Somos una sociedad que piensa que siempre podemos optar por no hacer algo: no tener nuestro tiempo de oración y devocional privado, no participar del estudio bíblico, no ir a la iglesia, no tener comunión con otros. Si quieres y anhelas que Dios te sane, no puedes optar por abandonar el proceso".

En los veinticinco años que llevo en el discipulado de mujeres, he visto que el comentario de Christina es verdad. Las mujeres que parecen luchar más con la sanidad personal, emocional y espiritual son las mismas mujeres que constantemente optan por abandonar el proceso. Son las que parecen nunca comprometerse a participar en un estudio bíblico para mujeres. Son las que nunca pueden asistir al taller sobre crecimiento espiritual o a la conferencia femenina anual, que suelen producir grandes cambios en las mujeres que asisten. Son las que me vienen a la mente cuando estoy dando un estudio para mujeres y pienso: *Deberían estar escuchando esto.* Con los años, he descubierto que la razón por la que esas mujeres son las que "realmente necesitan eso" es porque rara vez colaboran en el proceso de sanidad de Dios debido a que no van a los lugares donde se produce la sanidad.

Si realmente quieres ser sanada, ve a los lugares donde puedes sanarte. A menudo Dios nos sana en comunidad. Busca la red de apoyo y supervisión que necesitas. Comprométete con —no te limites a asistir a— ese grupo de estudio bíblico. Ábrete con personas en quienes puedas confiar. Participa de un grupo de oración con personas que se preocupen por ti y se comprometan a orar por ti y, a la vez, tú a orar por ellas. Invierte lo que sea necesario, ya sea tiempo, dinero o esfuerzo. Que nada impida el toque de sanidad de Jesús.

Una mujer de la Biblia estuvo dispuesta a enfrentar el escarnio y el ridículo público y, posiblemente, el castigo en su intento por tocar a Jesús y ser sanada; sin embargo, nada le impediría llegar a Él. Ella estaba desesperada por su sanidad e hizo lo imposible para recibir el toque de Jesús (Mc. 5:25-34). ¿Estás así de desesperada por tu sanidad? Entonces, no permitas que nada te lo impida.

2. Escucha la voz de Dios

La sanidad llega cuando nos vemos como Dios nos ve. Cuando escuchamos su voz y la aceptamos como la verdad. Y eso sucede en nuestros diálogos con Dios. No en un monólogo donde solo nosotras hablamos; sino cuando escuchamos lo que *Él* nos quiere decir. Natalia tuvo que ser paciente para poder "escuchar" la voz de Dios. Y tuvo que pasar tiempo en la Palabra y en oración reflexiva. ¿Estás escuchando la voz de Dios? Si es así, escucharás lo que Él te quiere decir.

3. Permite que Dios defina quién eres

Esto sucede cuando entiendes su Palabra y lo que Él te dice a través de ella. Sé activa en la Palabra de Dios; busca verdaderamente ahí el rostro de Dios. Él es Aquel que define quién eres; no tus padres, tu pasado, este mundo ni tus heridas. Para permitir que Dios —y ninguna otra voz que tendemos a escuchar— nos defina, debemos aprender a llevar "cautivo todo pensamiento a la obediencia a Cristo" (2 Co. 10:5). Cuando escuches pensamientos negativos que te definan, tómalos cautivos y decide escuchar solo los pensamientos que sean obedientes a Él, los pensamientos que sean coherentes con la descripción que su Palabra hace de ti.

Christina dijo que sus pensamientos intentaban llevarla por el oscuro camino de su pasado y convencerla de cosas que no eran verdad.

"Nunca he bebido alcohol, pero si estoy estresada, está en mi disco duro decir: 'Necesito un trago'. Tuve que aprender a desechar todo pensamiento equivocado y a tomar cautiva toda fortaleza que se levanta contra Cristo y ser realmente activa en eso".

La definición de Dios de ti nunca te acusará con respecto a tu identidad. Solo te afirmará. No escucharás a Dios decir: "Nunca serás la clase de cristiana que dices ser" o "Eres tan disfuncional como cualquier miembro de tu familia". Más bien, te dirá: "Con amor eterno te he amado" (Jer. 31:3) y eres "la luz del mundo" (Mt. 5:14) y no eres tu propia dueña; fuiste comprada "por un precio" (1 Co. 6:19-20, NVI). La voz de Dios convencerá tu corazón cuando te descarríes, pero nunca te condenará. Hay una enorme diferencia.

Acepta la verdad

Amiga mía, habrá días cuando te sientas destruida, sin esperanza, amargada y enojada. Habrá días cuando sientas ganas de decir: "Así soy yo y nunca cambiaré". Habrá días cuando dirás, al igual que Natalia: "Estoy cansada del mismo dolor de siempre y que nada cambie". Pero no dejes de esperar en Dios, porque Él ya ha ganado la batalla por ti y promete terminar la buena obra que ha comenzado en ti.

Independientemente de cómo te sientas, la verdad de Dios dice que eres una nueva criatura. No permitas que tus sentimientos te digan lo contrario. No permitas que tu opinión te diga otra cosa. La verdad de Dios es absoluta con respecto a quién eres *realmente*.

El mismo Jesús dijo: "y conoceréis la verdad, y la verdad os hará libres" (Jn. 8:32). Libre de los sentimientos de culpa y vergüenza que surgen de un pasado que ya fue borrado. Libre de las antiguas voces que circulan por tu mente tratando de arrastrarte a la vida vieja que ya no te pertenece. Libre de los sentimientos de incompetencia por todo lo que has vivido. Porque "si el Hijo os libertare, seréis verdaderamente libres" (Jn. 8:36).

¿Conoces la verdad de la Palabra de Dios y qué dice con respecto a quién eres *realmente*? ¿Crees que eres una hija de Dios, su amiga, su posesión y heredera de todas las cosas? Cree la verdad de lo que Dios ha dicho sobre *ti*. Créela, acéptala, *vívela* —y la verdad te hará libre.

PASO #5 *Hacia la sanidad y la plenitud*
Renueva tu mente para poder pensar distinto.
Tienes una nueva identidad en Cristo y esa mujer de antes que decía: "Así soy yo" ya no existe.

DEJA QUE CONTINÚE LA SANIDAD

1. Jesús dijo "conoceréis la verdad, y la verdad os hará libres" (Jn. 8:32). Enumera las verdades sobre tu identidad (ver la lista de las páginas 100-101) y escríbelas en el formato siguiente: "Soy su hija; soy su amiga. Soy…".

2. Ahora encierra con un círculo las verdades de arriba que más tengan el potencial de hacerte libre y pídele a Dios que implante en tu corazón esa verdad de quién eres para Él.

3. ¿Cuál de las frases de las páginas 101-102 has estado repitiendo de vez en cuando? (Si la tuya no está en la lista, escríbela aquí abajo. (Primero debes ser consciente de cómo te ves para que puedas dejar que Dios cambie tu perspectiva).

4. Ahora vuelve a escribir esas frases negativas que sueles decir, con tu nueva identidad en mente (de las páginas 100-101). (Hice las dos primeras por ti).

   • Soy una hija de Dios (Jn. 1:12) y tengo un Padre que es perfecto.

   • Jesús me llama "amiga" (Jn. 15:15) y puedo ser una amiga amorosa para otros, así como Él lo es conmigo.

   •

   •

   •

5. Lee Marcos 5:25-34 y responde las siguientes preguntas:

   a. ¿Cómo identificó Marcos a la mujer antes de su encuentro con Jesús?

   b. Vuelve a leer la historia. ¿Cómo identificarías tú a esta mujer en función de sus acciones y su respuesta a Jesús (vv. 27-28, 33)?

   c. ¿Cómo la llama Jesús en el versículo 34?

   d. ¿Qué le dijo Jesús y qué hizo por ella?

6. Lee Juan 8:1-11 y responde las siguientes preguntas:

    a. ¿Cómo se describe comúnmente a la mujer de este pasaje? (¿Cuál sería su identidad en su aldea?).

    b. ¿Qué pensaba la gente de ella?

    c. ¿Cuál fue la reacción de Jesús hacia ella?

    d. ¿Cuál fue su nueva identidad después de su encuentro con Jesús?

7. ¿Cómo ilustran los dos ejercicios de arriba la identidad de una persona después de tener un encuentro con Jesús?

8. ¿Qué significa eso en términos de quién *piensas* que eres comparado a quién Jesús *sabe* que eres?

Una oración de alabanza por tu nueva identidad

Precioso Salvador, a veces me olvido de todo lo que hiciste para darme una nueva identidad. Perdóname por las veces que vuelvo a los patrones de pensamiento de mi pasado y me veo como la que era antes. Gracias a tu amor redentor, ya no soy esa persona. Me tienes esculpida en las palmas de tus manos (Is. 49:16) y sé que nunca olvidarás lo que hiciste por mí. Ayúdame a grabar en mi mente y mi corazón lo que hiciste por mí para que nunca me olvide de que soy "nueva criatura… las cosas viejas pasaron; he aquí todas son hechas nuevas" (2 Co. 5:17).

6

Tengo derecho a ser feliz
Recapacita en lo que significa rendirte

Jill Kelly —como toda mujer en uno u otro momento— creía que tenía el derecho a ser feliz, hasta que finalmente encontró paz cuando renunció a sus derechos.

Jill, la esposa del famoso mariscal de campo Jim Kelly, creyó que sería feliz para siempre cuando se casó con el soltero más codiciado del fútbol americano en la primavera de 1996. Pero su romance de novela pronto se convirtió en un matrimonio solitario y lo que parecía la vida de una madre soltera. Cuando, al año de casarse, nació su hijo Hunter James Kelly, sus vidas dieron un vuelco inesperado.

A los cuatro meses, Hunter, que nació el mismo día del cumpleaños de su padre, recibió el diagnóstico de una enfermedad genética mortal llamada leucodistrofia (enfermedad de Krabbe). Sin tratamiento y sin cura, este trastorno va afectando el cuerpo hasta que finalmente lleva al enfermo a un estado vegetativo. Aunque no le habían dado más de dos años de vida, Hunter luchó valientemente contra su enfermedad durante ocho años e impresionó miles de vidas con su lucha diaria —y a veces minuto a minuto— por vivir.

Jill luchó junto a su hijo. Mientras se esforzaba por mantener a su hijo con vida, cuidar a sus otros dos hijos y llevar adelante un matrimonio difícil y sin amor, clamó a Dios por la sanidad de su hijo y por esperanza para su matrimonio y su familia.

"La enfermedad de Hunter me llevó a postrarme sobre mis rodillas;

y Dios, en su misericordia, me mantuvo allí", escribió Jill en su relato de la historia de Hunter.[1]

En vez de rogarle a Dios por una vida diferente, le rogó que salvara a su hijo y a toda su familia.

Había días que pensaba que no podría seguir soportando ni un problema más de salud de su hijo, ni una lesión más por las continuas quebraduras de sus huesos o ni una lágrima más que derramara por el dolor y las molestias constantes que sentía.

Aun así, Jill conocía el concepto de rendirse. Sabía que su vida no le pertenecía.

Cuando murió su hijo (el 5 de agosto de 2005), ella y toda su familia quedaron desolados. Sin embargo, pudo escribir en su libro:

> Por lo tanto, aunque me parecía que mi fe me había fallado, Jesús no me falló. En la búsqueda de esa fe había conocido a mi Salvador Jesucristo. Y ahora en la muerte de Hunter y en mi dolor, esa fe había sido probada. En medio de mi confusión y desesperación, me di cuenta de que Dios era fiel, aunque la niebla de la depresión no me permitió verlo y comunicarme con Él por un tiempo.
>
> Lentamente, muy lentamente, la esperanza renació en mi vida, mi fe se renovó y poco a poco comenzó la sanidad".[2]

En retrospectiva, Jill pudo ver no solo que Dios tenía un propósito con su dolor, sino que estaba obrando para sanar a todos ellos, a pesar de la condición de Hunter: "Tal vez nosotros necesitábamos más sanidad que Hunter. ¿Qué tal si, de alguna manera, la enfermedad de Hunter no fue una tragedia, sino un triunfo? Lo que nosotros pensábamos que era un mal (ciertamente, la enfermedad lo es), Dios lo usó para bien".[3]

En su deseo de despertar consciencia sobre la enfermedad que se llevó la vida de su hijo y dar esperanza y aliento a otras familias, que

---

1. Jill Kelly, *Without a Word* (New York: Faith Words, 2010), p. 92.

2. Kelly, *Without a Word*, p. 178.

3. Kelly, *Without a Word*, p. 201.

experimentaran el mismo dolor como resultado de la enfermedad, la familia Kelly fundó *Hunter's Hope*: una organización que aborda la crítica necesidad de información, concientización e investigación en respuesta a la amenaza de la enfermedad de Krabbe y la consecuente leucodistrofia.[4] Además, Dios llevó reconciliación al matrimonio de Kelly y restauró a toda la familia. Jill escribió varios libros y hoy cuenta su testimonio para la gloria de Dios.

"A menudo, la felicidad depende de nuestras circunstancias y expectativas —me dijo Jill hace poco—. Tenemos la tendencia a poner nuestra esperanza y nuestras expectativas en las personas (en particular, en nuestro esposo) y en las cosas de este mundo y, sin embargo, nunca estamos totalmente satisfechas. Pero lo maravilloso es que cuando nos agotamos en la búsqueda de esas cosas, cuando nuestras expectativas se hacen añicos, Dios nos está esperando. Y donde Él está (en su presencia), hay plenitud de gozo. Es terriblemente doloroso seguir nuestro propio camino y terminar vacíos. Sin embargo, Dios nos permite buscar y descubrir cómo es la vida separados de Él para que solo *su* amor pueda llegar a nosotros y hacernos libres".

Ahora Jill ve claramente, en retrospectiva, que su vida nunca le perteneció. Y vive con gratitud para Aquel que orquestó sus circunstancias de la manera que lo hizo.

Cuando hace poco le envié a Jill un correo electrónico para agradecerle por su historia que relató con tanta transparencia en su libro *Without a Word*, no salió de su boca más que alabanza para su Creador: "Él es realmente indescriptible e infinito… más allá de toda comprensión. ¡No tendríamos una historia si no hubiéramos sido rescatados por su grandiosa historia!".

¿Podemos tú y yo decir eso? ¿Podemos decir: "No tendría ninguna historia si no hubiera sido por su grandiosa y magna historia" y "Mi vida ni siquiera existiría si no hubiera sido por su intervención divina en medio de mi sufrimiento y mi aflicción"?

La mentira que creemos

Cuando creemos que tenemos el derecho a ser felices, estamos creyendo una mentira que da lugar al desencanto y la desilusión. A veces

---

4. Para más información o para contribuir, visita www.huntershope.org.

incluso produce amargura en nuestra vida. Pero, principalmente, nos impide comprender cabalmente qué significa vivir como un seguidor de Cristo.

Creer la mentira de que tenemos derecho a ser felices presenta dos dificultades:

Dificultad #1: No tenemos el control

Vivimos en un mundo caído. Por lo tanto, las heridas, el dolor, la enfermedad y la tragedia son parte de nuestra existencia; y todo está fuera de nuestro control. Tampoco podemos controlar el proceder y las reacciones de las personas que nos rodean. Podrías tomar la decisión de disfrutar una larga vida con el hombre que amas, pero él podría tomar otra decisión. Podrías tomar la decisión de quedar embarazada al año de casarte, pero después descubrir que eres estéril. Podrías tomar la decisión de seguir cierta carrera, pero encuentras obstáculos a lo largo del camino y ninguna oferta laboral. O podrías tomar la decisión de lograr ciertos objetivos físicos, pero aparecen lesiones, problemas de salud o alguna enfermedad que te impide lograrlos.

Dificultad #2: Estamos sujetas a la voluntad soberana de Dios

Vivimos en un mundo donde Dios es la autoridad suprema. Aprendimos en los primeros tres capítulos de este libro que la voluntad de Dios es soberana. Él hará lo que quiera en tu vida y la vida de otros. Y no podemos manipularlo.

Dadas estas dos realidades de la vida, no tenemos otra alternativa que rendirnos a su voluntad soberana. Cuando le rendimos nuestra vida a Jesús, experimentamos el gozo que viene de vivir en la serena confianza de nuestro Padre celestial, que nos ama y ha prometido disponer todas las cosas para nuestro bien (Ro. 8:28).

Jill comprendió el concepto de la rendición. Y entiende, hoy más que nunca, que su vida no le pertenece. ¿Lo entiendes tú también?

Rinde tu voluntad

A lo largo de la Biblia leemos que, si decimos que somos hijos de Dios, nuestra vida no nos pertenece.

De hecho, la Biblia dice que somos *esclavos*, sin ningún derecho. En el Nuevo Testamento original griego, los escritores usaron la palabra *doulos* para describir a los creyentes. La mayoría de las versiones de la Biblia en castellano usan la palabra "siervo"; pero la palabra original griega, en realidad, significa "esclavo".[5]

Ahora bien, sé que no te gusta cómo suena eso. ¿Quién quiere ser un esclavo? Pero la Biblia dice que *todos* somos esclavos; ya sea del pecado o de la justicia. En Romanos 6:17-18 leemos lo siguiente: "Pero gracias a Dios, que aunque erais esclavos del pecado, habéis obedecido de corazón a aquella forma de doctrina a la cual fuisteis entregados; y libertados del pecado, vinisteis a ser siervos de la justicia".

Hemos nacido en esclavitud, con un amo: el pecado. Pero Cristo, con su muerte, nos redimió. Nos hizo libres de la esclavitud del pecado y la muerte, y nos hizo esclavos de Él. Y ahora experimentamos vida: una vida de libertad del pecado, pero también una vida de esclavitud a un amo bueno y amoroso, el Señor Jesucristo.

Ahora bien, puede que estés pensando: *¡No, Cindi! Yo soy su sierva. Yo le sirvo voluntariamente. No soy una esclava.*

Sin embargo, John MacArthur hizo esta observación en su libro *Esclavos: La verdad escondida sobre tu identidad en Cristo*: los siervos se *contratan*; los esclavos se *poseen*.

> Los siervos tienen un elemento de libertad al elegir para quién trabajan y qué hacen. La idea de la servidumbre mantiene cierto nivel de autonomía propia y derechos personales. Los esclavos, por su parte, no tienen libertad, autonomía ni derechos. En el mundo grecorromano, a los esclavos se les consideraba una propiedad, al punto que para la ley eran *cosas* en lugar de *personas*.[6]

Un pasaje del Nuevo Testamento dice que nuestra vida no nos pertenece, sino que fuimos "comprados por precio" (1 Co. 6:20): la sangre de Cristo. Por lo tanto, no tenemos el derecho de nuestra propia vida. Existimos para servir y obedecer a nuestro Amo: el Señor Jesucristo.

---

5. John MacArthur, *Slave: The Hidden Truth About Your Identity in Christ* (Nashville, TN: Thomas Nelson, 2010), p. 12. Edición en español *Esclavo: La verdad escondida de tu identidad en Cristo,* publicado por el Grupo Nelson.

6. MacArthur, *Slave*, p. 17.

Hasta Jesús lo dejó claro cuando enseñó sobre las prioridades de nuestro corazón y nuestras lealtades: "Ninguno puede servir a dos señores; porque o aborrecerá al uno y amará al otro, o estimará al uno y menospreciará al otro. No podéis servir a Dios y a las riquezas" (Mt. 6:24).

Lo maravilloso de esto es que nuestro Amo es uno bueno y amoroso, que quiere lo mejor para sus esclavos. De hecho, Él nos llama "hijos".

Sin embargo, a menudo malinterpretamos este asunto de los "derechos". Tendemos a creer que, mientras obedezcamos a Dios, Él existe para *servirnos* y conceder *nuestros* deseos. Pensamos que es obligación de Dios hacernos felices, cumplir nuestros sueños y darnos una vida gratificante.

Jesús dijo en Juan 10:10 que vino para darnos "una vida plena y abundante".[7] Pero esa vida está en el contexto de obedecer su principal mandamiento, que es amarlo con todo nuestro corazón, con toda nuestra alma y con toda nuestra mente (Mt. 22:37) y servirle en obediencia como un esclavo que sirve a su amo.

Jesús dijo que, al fin y al cabo, nuestra meta es escucharle decir: "Bien, buen siervo y fiel; sobre poco has sido fiel, sobre mucho te pondré; entra en el gozo de tu señor" (Mt. 25:23). Y la palabra original griega traducida "siervo" en este versículo es, otra vez, *doulos*, que significa "esclavo".

El servicio es parte de nuestro rol como posesión de Dios, pero eso no es lo máximo. Nuestra vida misma le pertenece. Cualquier derecho que podemos pensar que tenemos le pertenece a Él. Y ¿qué tiene que ver esto con nuestra sanidad y plenitud?

Cuando comprendemos correctamente quiénes somos en relación con Dios, no podemos desilusionarnos porque "Dios no responda nuestras oraciones". No podemos decir: "Dios debe bendecir mi vida" y tampoco: "¿Dónde está el beneficio de servirle?".

Un esclavo no tiene derechos. Él o ella dependen solo de la protección, provisión y generosidad del amo.

Amiga mía, si a partir de hoy vivieras con el conocimiento y el consentimiento de que eres de Él, que le perteneces y le debes tu vida, de repente tus necesidades, tus deseos y tus expectativas dejarían de

---

7. NTV.

preocuparte; son obligación de Él. De hecho, tu única preocupación sería complacerlo. Ese será el día cuando tu vida ya no se trate de tus derechos, tus decepciones ni tus heridas; sino de su obra redentora en ti.

En la búsqueda de mi felicidad

Recuerdo una época en que estaba aferrada a ciertas expectativas para mi vida, mi matrimonio, mi rol de madre, mi ministerio. Aclaro que no hay nada malo con tener expectativas en las relaciones y metas en ciertas áreas de la vida. Pero estaba desilusionada, porque creía que tenía derecho a recibir más. Estaba buscando una fórmula para seguir, que me permitiera recibir las bendiciones de Dios como esperaba. También creía que, si complacía a Dios, seguramente los demás responderían conmigo de la manera que yo esperaba. Puesto que creía que tenía ciertos derechos, me sentía frustrada y confundida.

¿Qué estoy haciendo mal? Me preguntaba siempre que una situación no salía como lo había planeado. *¿Qué hice esta vez?* Me volvía a preguntar cuando descubría que una mujer de mi iglesia me criticaba y murmuraba sobre mí. Al final, decía: *"No tengo porqué tolerar esto"*, en un esfuerzo por "proteger" mis derechos.

Terminaba pasando un tiempo postrada en oración y le preguntaba a Dios por qué estaba tan frustrada con todo y todos los que me rodeaban. Le pedía que examinara mi corazón y me mostrara a qué tenía que renunciar en mi vida para poder experimentar *su* paz y su gozo. Hasta que empecé a leer las palabras de Jesús en Juan 15 y allí encontré consuelo y esperanza:

> Yo soy la vid verdadera, y mi Padre es el labrador. Todo pámpano que en mí no lleva fruto, lo quitará; y todo aquel que lleva fruto, lo limpiará, para que lleve más fruto… Permaneced en mí, y yo en vosotros. Como el pámpano no puede llevar fruto por sí mismo, si no permanece en la vid, así tampoco vosotros, si no permanecéis en mí. Yo soy la vid, vosotros los pámpanos; el que permanece en mí, y yo en él, éste lleva mucho fruto; porque separados de mí nada podéis hacer… Si permanecéis en mí, y mis palabras permanecen en vosotros, pedid todo lo que

queréis, y os será hecho… Como el Padre me ha amado,
así también yo os he amado; permaneced en mi amor. Si
guardareis mis mandamientos, permaneceréis en mi amor;
así como yo he guardado los mandamientos de mi Padre,
y permanezco en su amor. Estas cosas os he hablado, para
que mi gozo esté en vosotros, y vuestro gozo sea cumplido
(vv. 1-2, 4-5, 7, 9-11).

En esos versículos no solo encontré consuelo, sino una idea de por
qué me sentía tan desdichada:

1. A veces el dolor que experimentamos es, en realidad, limpieza.

Jesús no dijo: "Todo aquel [pámpano] que lleva fruto, lo *castigo*". En
cambio, dijo que todo pámpano que lleva fruto, Él "lo limpiará, para
que lleve más fruto" (v. 2). Yo estaba produciendo algunos frutos en mi
vida, por eso estaba confundida y no entendía por qué estaba sufriendo.
Pero, al parecer, Dios quiere que mi vida produzca *más* fruto, para lo
cual es necesaria la limpieza de actitudes, acciones y expectativas en
mi vida para que mi carácter sea purificado. Seguí preguntándome qué
estaba haciendo mal cuando, en cambio, debería haberle preguntado
a Dios: ¿Cómo quieres purificarme?

2. Sin Dios es imposible hacer nada.

Jesús no estaba bromeando cuando dijo: "Separados de mí nada
podéis hacer" (v. 5). A veces podemos aparentar por un tiempo con
una sonrisa forzada o cuando fingimos al ir a la iglesia o al trabajo;
pero si no permanecemos en Cristo, no podemos dar verdadero fruto.
Esta es una realidad en mi vida, y no estoy hablando solo de la obra del
ministerio. No soy buena esposa, madre, hija, hermana o amiga cuando
no permanezco en Cristo. Si no pongo mis ojos en Él para mi sustento
diario, fracaso de manera lamentable en todo lo que intento hacer. Dios
quiere que yo —y tú también— esté realmente desesperada por Él.

Permanecer significa mantenerse unido o sufrir sin quejarse. Jesús
estaba diciendo a sus seguidores que se mantuvieran unidos a Él, no
que se alejaran o se acercaran a Él cuando necesitaran algo. Si estoy en
constante dependencia de Él, estoy permaneciendo en Él de la misma
manera que un pámpano permanece en la vid.

3. Cuando permanezco en Cristo, Él me escucha y suple mis necesidades.

Todos tenemos momentos cuando sentimos que nuestras oraciones rebotan en las paredes. Ahí es cuando le recuerdo a Dios sus palabras, como las de Juan 15:7: "Si permanecéis en mí, y mis palabras permanecen en vosotros, pedid todo lo que queréis, y os será hecho". Si quiero que me escuche y deseo su paz y su consuelo, me pregunto: *¿Estoy permaneciendo en Él?* Si es así, Él ha prometido escucharme y concederme las peticiones de mi corazón.

4. Cuando permanezco en Él, tengo gozo

Jesús, como resultado de su obediencia a su Padre celestial, experimentó el gozo de la perfecta comunión y unidad con Él. Dijo que nosotros tendríamos el mismo gozo cuando fuéramos obedientes a Él y nos mantuviéramos en comunión y unidad con Él. Cuando pretendo recibir lo que deseo en la vida y me pregunto: "¿Qué estoy haciendo mal?" —en un intento por controlar mis circunstancias—, no estoy permaneciendo en Él. Por el contrario, estoy buscando mi propia voluntad. Pero cuando cambio el centro de atención y digo: "¿Cómo puedo permanecer en ti, Jesús?", me estoy abriendo a su limpieza, su purificación y la experiencia de su gozo.

Descansa en Él

Jill Kelly aprendió el secreto de permanecer en Cristo. En una anotación de su diario personal, aproximadamente un año antes que su hijo falleciera (y en medio del continuo deterioro de su salud), Jill escribió:

> De todas las dádivas que he recibido, Señor Jesús, tú eres el motivo de mi mayor agradecimiento. En este mundo con toda su abundancia, tú eres la vida para mí. Eres todo. Tus dádivas no cesan; tu gracia y tu bondad no tienen fin. En ti estoy completa. Tu amor une las partes de mí que no pueden funcionar solas. Si confío en mi cerebro, me confundiré. Si confío en mi cuerpo, me derrumbaré. Si confío en otras personas, nunca cumplirán mis expectativas. Si confío en mi corazón, se desangrará y se romperá.
>
> Cuando pongo mis ojos en ti, Señor, y confío en ti, estoy completa y puedo vivir. Puedo pensar cerebralmente,

estar firme, amar a los demás tal cual los has creado y tener
un corazón que late para ti y me permite seguir viviendo.
Sé que tú sostienes a Hunter. Y sostienes a toda nuestra
familia. Gracias por Hunter. Te confiamos cada aliento de
su vida. Tú das y tú quitas.[8]

Mientras veía a su amado hijo sufrir, Jill pudo alabar a Dios y
manifestar un profundo gozo. Fue porque sabía lo que significaba permanecer en Él cualquiera que fuera la situación de su vida. Y "siguió"
con Dios como su única fuente de fortaleza, sostén y aliento.

Jill sabía también que, aunque su vida no le pertenecía y era una
esclava de Dios, Él la amaba.

En 1 Juan 4:18 dice: "el perfecto amor echa fuera el temor". Cuando
nuestro amor por Dios es perfecto, nuestra confianza en Él también lo
es. Y cuando hay confianza perfecta, no hay temor.

Confía en su amor

Nuestra descripción en la Biblia como esclavas de Dios siempre
es en referencia a nuestra instrucción sobre cómo obedecer a Dios y
responder a su autoridad. Pero en lo que respecta a nuestra relación
con Él, Dios nos llama hijas, herederas, amadas. El Salmo 139 dice
que eres tan especial para Él, que...

- te formó en el vientre de tu madre. (El versículo 13 dice que
  no fuiste un diseño impersonalizado. No fuiste una copia de
  producción masiva. Él te creó y te diseñó personalmente de
  manera elaborada y cuidadosa).
- eres una obra "formidable" y "maravillosa". (La Nueva Versión Internacional dice en el versículo 14 que eres "una creación admirable").
- te formó y te entretejió en oculto. (La palabra hebrea para
  "entretejido" del versículo 15 significa "labrado" o cuidadosamente hilvanado. Eres una esclava de Cristo cuidadosamente
  formada).

---

8. Kelly, *Without a Word*, p. 119.

- eres el sujeto de una historia que Él escribió sobre ti. (El versículo 16 dice que antes que nacieras, Él había escrito toda la historia de tu vida).

La Biblia también dice que Dios...

- tiene pensamientos preciosos sobre ti, que son demasiados para contarlos (Sal. 139:17-18).
- conoce la cantidad de cabellos de tu cabeza (Mt. 10:30).
- guarda tus lágrimas en una redoma (Sal. 56:8), lo cual significa que no solo sabe cuántas veces has llorado, sino que ha guardado tus lágrimas porque son preciosas para Él.
- te tiene grabada en las palmas de sus manos (Is. 49:16, nvi). Jesús decidió mantener en sus manos las cicatrices de los clavos al ir a la cruz por ti, ¡es decir que decidió tener un recordatorio permanente de ti en su cuerpo! Es interesante notar el hecho de que a los esclavos se los marcaba con el nombre de su amo para identificar a quién pertenecían. Sin embargo, Jesús decidió llevar la "marca" del recuerdo de su amor por *ti.* ¿No es maravilloso?

De modo que, aunque como esclava tú no tienes derechos para exigir nada, estás en las manos de un Dios que te ama inmensamente y quiere lo mejor para ti. Yo puedo descansar en eso. ¿Y tú?

Cuando parece que Dios se ha olvidado de ti

Sé que a veces es fácil sentir que Dios se ha olvidado de ti, especialmente cuando miras a tu alrededor y ves a otras personas que no están viviendo para Dios, pero parecen estar mejor en su vida física, emocional, relacional y financiera. En esos momentos sentimos que tenemos derecho a ser felices, en lugar de ver cómo viven sin problemas los que nos han herido.

"Margarita" (no es su nombre real) hace poco habló conmigo y se quejó porque a su ex esposo le iba mejor que a ella en su vida financiera, emocional y relacional, y había encontrado un nuevo amor después de abandonarla junto a sus tres hijos. "No es justo —dijo ella—. ¿Por qué yo estoy sola con mi sufrimiento mientras él está pasando el mejor momento de su vida?".

Margarita y yo hablamos extensamente sobre lo que estaba haciendo su ex esposo. Aunque por fuera pareciera que "está pasando el mejor momento de su vida", sus hijos ya no quieren que sea parte de sus vidas, y llegará el día cuando tenga que enfrentarse a las consecuencias emocionales y relacionales de sus actos. Margarita, por otro lado, tiene a Dios que la escucha cuando sufre; encuentra consuelo en la lectura de la Biblia cuando se siente sola cada mañana y sigue teniendo el amor y la lealtad de sus hijos, así como el apoyo de su familia (¡y la de su ex!), de sus amigas y de la familia de la fe. Aunque todavía Margarita no lo pueda ver, está disfrutando hoy las bendiciones que quizás su esposo nunca vuelva a experimentar.

Asaf, uno de los salmistas de la Biblia, dijo que estuvo "a punto de pecar" cuando vio cómo prosperaban otros mientras él sufría. Pero después tuvo que reflexionar en la verdad. Lee su cántico y fíjate si te puedes identificar:

> Dios es muy bueno con Israel
>   y con la gente sincera.
> Yo estuve a punto de pecar;
> poco me faltó para caer,
> pues me llené de envidia al ver
>   cómo progresan los orgullosos y los malvados.
> ¡Tan llenos están de salud que no les preocupa nada!
> No tienen los problemas de todos;
>   no sufren como los demás.
> Se adornan con su orgullo
> y exhiben su violencia…
> Hablan mal de la gente;
>   ¡de todo el mundo se burlan!
> Tan grande es su orgullo
>   que sólo hablan de violencia.
> Con sus palabras ofenden a Dios y a todo el mundo…
> ¡Así son los malvados!
> ¡No se preocupan de nada, y cada vez son más ricos!

¡De nada me sirvió hacer el bien y evitar los malos
　　pensamientos!
¡Esos malvados me golpean a todas horas!
¡En cuanto amanece me castigan!
Si hubiera pensado como los malvados,
　　habría traicionado al pueblo de Dios.
Traté de entender esto, pero me resultó muy difícil.
Entonces fui al santuario de Dios, y fue allí donde entendí
　　cómo terminarán los malvados
　　　　(Sal. 73:1-6, 8-9, 12-17, TLA).

¿Sabes cuál fue el momento de la verdad para Asaf?: "Entonces fui al santuario de Dios".

Cuando miramos a quienes nos rodean y vemos que son más prósperos o están mejor que nosotros, podemos desilusionarnos y creer que Dios no ha sido bueno con nosotros. Pero cuando ponemos nuestros ojos en quién es Dios y su bondad en nuestra vida, recuperamos la perspectiva correcta de las cosas.

Al final del salmo, Asaf escribió:

Dios mío, yo estuve muy afligido;
　　me sentí muy amargado...
A pesar de todo, siempre he estado contigo;
　　tu poder me mantiene con vida, y tus consejos me dirigen;
cuando este mundo llegue a su fin,
　　me recibirás con grandes honores
　　　　(vv. 21, 23-24, TLA).

Fíjate después en la expresión de lealtad de Asaf:

¿A quién tengo en el cielo?
　　¡A nadie más que a ti!
Contigo a mi lado,
　　nada me falta en este mundo.
Ya casi no tengo fuerzas,
　　pero a ti siempre te tendré;
¡mi única fuerza eres tú!
　　　　(vv. 25-26, TLA).

Me encanta cómo entendió —y escribió— Asaf el beneficio de permanecer en Dios en los momentos difíciles. Y terminó su cántico con esta amonestación:

> Los que se apartan de ti
>   acabarán por ser destruidos;
> los que no te sean fieles
>   acabarán perdiendo la vida.
> Pero yo estaré cerca de ti,
>   que es lo que más me gusta.
> Tú eres mi Dios y mi dueño,
>   en ti encuentro protección;
> ¡por eso quiero contar
>   todo lo que has hecho!
>   (vv. 27-28, TLA).

Cuando Asaf se comparaba con otros, se quejaba. Pero cuando recuperaba la perspectiva, alababa.

Encuentra tu gozo

Pienso que es notable mencionar que el versículo 25 de este salmo es un versículo lema para Jill:

> ¿A quién tengo en el cielo?
>   ¡A nadie más que a ti!
> Contigo a mi lado,
>   nada me falta en este mundo.

Jill incluye ese versículo cuando firma sus correos electrónicos y escribe la referencia, Salmos 73:25, junto a su nombre cuando firma sus libros. Ha sido mi versículo lema también a lo largo de los años, porque comprendí que nada puede saciarme en esta vida, sino Él.

¿A quién tengo en el cielo, Señor, cuando estoy sufriendo, cuando estoy confundida, cuando estoy tratando de superar lo que me toca vivir? Y mientras tú seas todo lo que deseo en este mundo, sé que experimentaré el verdadero gozo.

En su clásico devocional, *En pos de lo supremo*, el joven predicador Oswald Chambers dijo:

> El gozo no debe confundirse con la felicidad. De hecho, insultamos a Jesucristo cuando empleamos la palabra felicidad para referirnos a nuestra relación con Él. El gozo de Jesús fue su absoluta rendición y el sacrificio personal por su Padre, el gozo de obedecerlo…
>
> Relaciónate correctamente con Dios, encuentra tu gozo y de ti "correrán ríos de agua viva" (Jn. 7:38).[9]

Nuestra vida no nos pertenece. Y no tenemos *derecho* a ser felices. Pero *tenemos* el privilegio de experimentar su gozo. Y ese gozo viene cuando nos rendimos a nuestro amoroso Amo y decimos: "¿A quién tengo en el cielo? ¡A nadie más que a ti! Contigo a mi lado, nada me falta en este mundo".

PASO #6 *Hacia la sanidad y la plenitud*

Renuncia a tus derechos.
La verdadera rendición es reconocer que tu vida no te pertenece; le pertenece a un tierno Amo, que quiere lo mejor para ti.

DEJA QUE CONTINÚE LA SANIDAD

1. Haz una lista de todas las cosas a las cuales sientes que tienes "derecho" en la vida (sé sincera, ya que este es un paso de rendición a Dios).

---

9. Oswald Chambers, *En pos de lo supremo*, edición revisada (Barcelona: Editorial Clie, 1993), 31 de agosto.

2. Dile a Dios en oración cuáles son cada una de esas cosas y somételas a su voluntad.

3. Lee Santiago 1:2-4 y cópialo abajo para alentarte y recordar que, cuando te rindes al Señor, Él te da gozo.

4. Permanecer en Cristo significa mantenerte o seguir unida a Él. ¿De qué manera práctica puedes permanecer en Él cada día? (A continuación, enumeré algunas sugerencias para ti y puedes agregar una o más ideas propias. Después comprométete a cumplirlas).

- Apartaré un momento específico del día para pasar con Dios en oración y lectura de su Palabra.

  Mi momento específico del día:
  Mi plan de lectura:

- Saldré a caminar con Él diariamente y le abriré mi corazón:

  A qué hora saldré a caminar:
  Lugar a donde iré a caminar:

- Cada mediodía le dedicaré "cinco minutos de alabanza" verbal por quién es Él y por lo que hizo en mi vida.

- Comenzaré el día con música de adoración y pasaré diez minutos en silencio y reflexión en su Palabra.

- _____

  _____

Una oración de esperanza y sanidad

Pensé que era apropiado terminar este capítulo con una oración del libro de *Prayers of Hope for the Brokenhearted* de Jill Kelly. Dado que Jill aprendió que su vida no le pertenece, vive cada día con la comprensión de que, en vez de tener derecho a ser feliz, Dios le concede el derecho de ser santa. Dios está esperando hacer lo mismo contigo y conmigo. Hagamos juntas esta oración:

Padre celestial, mi vida está en tus manos.
Ayer, hoy y para siempre, estoy a salvo y segura en ti.
Señor, te ruego que me ayudes a saber que tú tienes el control de mi vida.
Ayúdame a creer que en este momento tú estás
obrando en mi vida, aunque no lo pueda ver.
Ayúdame a confiar en lo que no veo, cuando lo que veo es muy doloroso.
Te ruego que me ayudes a saber que tú te
estás ocupando de mis necesidades.
Tú eres un Dios presente y bueno, fiel y digno de confianza.
En ti encuentro gracia y perdón, sanidad y esperanza.
No me dejaste sola en mis pruebas.
Estás conmigo ahora y prometiste que nunca
me dejarías ni me desampararías.
Padre, te ruego que me ayudes a creer que tus
planes para mí y mi familia son buenos.
Señor, gracias por escuchar mis ruegos.
Gracias por amarme tanto.
Ayúdame a creer en ti y en las promesas que me hiciste.
Perdóname cuando dudo de ti y de tu amor.
Creo, Señor. Perdóname por mi incredulidad.[10]

---

10. Jill Kelly, *Prayers of Hope for the Brokenhearted* (Eugene, OR: Harvest House, 2010), pp. 13-14. Usado con permiso.

7

Nunca me amarán de verdad
Distingue el amor real del amor distorsionado

Betty creció con un anhelo de amor como la mayoría de las mujeres, pero, lamentablemente, experimentó lo opuesto.

De niña abusaron sexualmente de ella durante varios años, después se casó con un hombre maltratador que la engañó y se divorció de ella. Cuando pensó que finalmente había encontrado a un verdadero hombre de Dios, a quien le había entregado cuatro años de su vida, descubrió que la estaba engañando con una mujer de otra iglesia.

"El haber sufrido abusos sexuales durante varios años desde que era niña produjo en mí la tendencia a no sentirme amada, y el haber sufrido el engaño de mi ex esposo y, posteriormente, el del otro hombre hizo que no me sintiera deseada —dijo Betty—. Pienso que muchas mujeres que han sufrido el engaño de su marido llegan a la conclusión de que si hubieran sido suficientemente buenas o bellas, no las hubieran engañado".

Betty, como muchas mujeres a quienes les rompieron el corazón, a menudo se preguntan y consultan a otros: "¿Qué hay de malo en mí?".

Sin embargo, igual que muchas mujeres, Betty estaba haciendo la pregunta incorrecta.

La pregunta no es "¿Qué hay de malo en mí?", sino más bien "¿Qué hay de malo con esa imagen del 'amor'?".

Está arraigado en nosotras, como mujeres, anhelar amor y ser felices para siempre como hemos escuchado desde que éramos pequeñas. Esta misma mañana recibí otro correo electrónico con preguntas que se hacen muchas mujeres:

> ¿Dónde está la felicidad, la paz y la abundancia en la vida? ¿Cuándo veré hacerse realidad un sueño simple y normal (como tienen todas las otras muchachas) de tener a alguien que me ame, me abrace y me proteja? Si estoy orando a Dios, pero sigo sufriendo, ¿qué sentido tiene? Sinceramente, ¿hay alguna razón para seguir orando o creyendo?

Nuestro anhelo de amor

¡Oh, el anhelo de amor en el corazón de una mujer! Aprendemos desde muy pequeñas que el "amor" es un *sentimiento* maravilloso. Por eso lo anhelamos. Cuando crecemos y alguien se fija en nosotras, nos muestra interés o nos desea físicamente, interpretamos eso como "amor". Y, por un momento, lo que percibimos como amor podría *ser* maravilloso. Sin embargo, cuando no nos muestran amor, dejan de amarnos o usan el amor para manipularnos, se convierte en la experiencia más dolorosa del mundo.

¿Es tu historia la de un amor indiferente, imperfecto o distorsionado? ¿Fue un padre ausente o maltratador? ¿Tuviste una madre crítica o distante emocionalmente? ¿Sufriste el rechazo o, quizás, la traición de alguien que amabas? He escuchado infinidad de historias de amor distorsionado. He vivido algunas de esas historias y estoy aquí para decirte que he visto claramente el otro lado. Ese lugar donde miras atrás a tu niñez o los primeros años de noviazgo o algunos recuerdos dolorosos y te das cuenta de que lo que viste o experimentaste en ese entonces fue amor distorsionado, amor imperfecto, un impostor del verdadero amor.

Y, sin embargo, ese lugar de discernimiento entre el amor distorsionado y el amor real —donde los corazones rotos finalmente se sanan— *existe*. Y quiero ayudarte a llegar allí. Quiero ayudarte a encontrar ese lugar donde también reconozcas que las heridas que sufriste por un amor distorsionado fueron parte de la batalla que peleaste para, finalmente, reconocer y aceptar el amor perfecto y puro.

Lamentablemente, en este mundo, antes de poder entender cuál es el amor perfecto y abnegado, a veces tenemos que ver (o peor aún, experimentar) la antítesis. Piensa en esto. ¿Te ha enseñado Dios, en su gracia, desde temprana edad o al mirar en retrospectiva, lo que *no* quieres en tu hogar, tu matrimonio o tu vida personal? ¿Aprendiste lo que realmente quieres al ver lo opuesto? Qué *no* hacer. Con quién *no* casarte. Cómo *no* actuar o reaccionar.

Sandra, cuya historia se encuentra en el capítulo 2, vio desde niña la antítesis total del amor. Vio un "amor" distorsionado, malo, egoísta a través de las acciones manipuladoras y abusivas de su padre. Dado que era muy pequeña, no tenía un marco de referencia que le ayudara a entender realmente qué es el amor. Por eso, esta mujer que experimentó lo peor de lo peor, tuvo que volver a aprender, de adulta, qué es el amor al conocer a Dios como realmente es.

La historia de Carolina

Carolina también conoció el amor distorsionado. Desde niña sintió que había sido una hija no deseada y que no la amaban. Con un padre alcohólico iracundo y maltratador, sus heridas se agravaron cuando conoció la historia que había llevado a su padre a empezar a beber alcohol.

Cuando su madre estaba embarazada de seis meses, se levantó una noche para echarle una mirada a Carolina, que en ese entonces tenía un año, y se tropezó con el perro de la familia y se cayó, lo cual le produjo un parto prematuro. El hermanito de Carolina nació y vivió solo un día. Ambos padres quedaron desconsolados por la pérdida. Pero la pequeña Carolina nunca se enteró de lo que había pasado. Años más tarde ató cabos de la historia mediante conversaciones con familiares y recuerdos de su niñez. También supo que, después de la muerte de su hermanito, su padre había abandonado la fe en Dios, porque siempre había querido tener un hijo varón. Tenía dos hijas de un matrimonio previo y luego nació Carolina. Cuando su hijo recién nacido murió, perdió la razón.

"Nunca sentí el amor de mi padre, sino su abandono, tanto físico como emocional", dijo Carolina.

Cuando llegó a ser adulta, Carolina se fue de la casa y formó su propia familia. Pero, a los once años de matrimonio, su esposo alcohólico la abandonó junto a sus dos hijas cuando ella lo confrontó por su alcoholismo.

"Mi padre me abandonó, mi madre lo hizo por un tiempo y, luego, mi esposo. *Debo ser yo*, pensé".

Carolina aprendió a ser una madre soltera y vio la provisión de Dios, pero vivió mucho tiempo con un vacío en su corazón, que le hacía creer que no era tan atractiva y buena para mantener el amor de un hombre.

Aprendió a través de experiencias dolorosas lo que no es el amor. Y su primera experiencia con el verdadero amor fue cuando conoció a Jesús y entendió que su amor incondicional y sacrificial por ella era tan asombrosamente distinto a todo lo que había vivido con sus padres o su esposo.

"En los primeros años de mi vida habían sucedido varias cosas [que dieron lugar a mi perspectiva del amor] ajenas a mi voluntad; y después, casarme con un alcohólico que me abandonó también me partió el corazón. Pero todas estas cosas me acercaron más y más al Único que importa: ¡a Aquel que me ama pase lo que pase! Él es mi esposo, mi padre, mi hermano, mi amigo. ¡Él es *todo* para mí!".

En qué nos equivocamos

Una mujer se equivoca cuando su esposo es todo para ella. O su novio. O su idea de lo que debe ser el amor. Con frecuencia, la mujer espera que aquel que le ofrece su amor la haga sentir realizada, pero cuando ese hombre la decepciona, se siente desolada.

Naturalmente, cuando una mujer se casa, espera que sea para siempre. Escucha las promesas y el voto de "hasta que la muerte nos separe" y lo cree. Pero cómo le duele el corazón cuando descubre que ese hombre no cumplió sus promesas y el voto matrimonial se convirtió en una mentira. No duró para siempre. El corazón de ese hombre cambió. La traicionó, la abandonó, la rechazó, la hirió.

A veces, la mujer es la que termina el matrimonio, porque sus expectativas del amor no se cumplieron. Entonces las sigue buscando en otro hombre. Hasta que se da cuenta de que la fuente está vacía y terminó por secarse.

Gina me envió un correo electrónico en respuesta a un devocional que escribí sobre los anhelos inconsolables de las mujeres y cómo Dios es el único que puede satisfacerlos. En su correo electrónico me contó que aprendió de la peor manera que, a fin de cuentas, ni el amor, ni el matrimonio ni ningún hombre sobre la faz de la tierra puede satisfacerla:

Soy una mujer de sesenta y tres años, casada tres veces y divorciada tres veces. La última vez, estuve casada durante veintitrés años y ahora hace dos que me divorcié. En todos mis matrimonios anhelaba compañerismo y comprensión. Cada esposo, aunque diferente al anterior, era incapaz de darme el amor reconfortante e incondicional que tanto anhelaba desde niña. Pero, como dices en tu devocional, las personas nos fallan —una y otra vez— como nosotras también les fallamos.

Nunca encontré la satisfacción y la plenitud en mi matrimonio, que ahora encuentro en mi vida llena de Dios. Él sacia cada necesidad en mí. Cuando me sumerjo en su amor y su Palabra, mi corazón se llena. Parece irónico que, si hubiera tenido entonces lo que ahora tengo, probablemente seguiría casada.

Las palabras de Gina, escritas en retrospectiva, nos ofrecen un valioso punto de vista. Cuando anhelamos recibir de otros la clase de amor que solo Dios puede dar, nos seguiremos decepcionando en nuestras relaciones terrenales. Solo Dios puede ofrecer el agua viva que nuestra alma anhela y el perfecto amor que Él destinó que llenara nuestro corazón.

Dios creó el matrimonio para ilustrar la clase de amor e intimidad que Él quiere compartir con sus hijos. Él le dijo a su pueblo en Isaías 54:5: "Porque tu marido es tu Hacedor; Jehová de los ejércitos es su nombre; y tu Redentor, el Santo de Israel; Dios de toda la tierra será llamado". Dios es un esposo perfecto, que nos sacia, nos cuida, nos protege y nos ama y perdona fielmente vez tras vez. Y Él quiere recibir de nosotras la respuesta de una esposa fiel: nuestra confianza, singularidad de compromiso y fidelidad que duren por la eternidad.

Dios, a lo largo del Antiguo Testamento, reprendió a su pueblo por cometer adulterio cuando buscaron y adoraron dioses falsos y extraños. Y en el Nuevo Testamento, llama "su esposa" a quienes creen en su Hijo para el perdón de sus pecados y la vida eterna, donde un día participaremos juntos de las bodas del Cordero (Ap. 19:9). Hay ejemplos en todas las Escrituras. Dios nos ha perseguido como un marido persigue a su amada esposa. Y nos ha demostrado cómo es el amor incondicional y abnegado que los matrimonios deberían expresar y experimentar en la tierra.

Dios preparó incluso un lugar donde algún día viviremos felices para siempre con Él (Jn. 14:3). Pero el problema es que, en nuestra humanidad, en nuestro anhelo de algo temporal que nos haga sentir bien, tendemos a buscar amor en el lugar equivocado. Es probable que *tú*, en algún momento, creas que lo encontraste en alguien. Y después te desilusiones al darte cuenta de que el amor te engañó, te lastimó e incluso te traicionó.

Desde luego que no te culpo, amiga mía. Yo hice lo mismo. Busqué que otros llenaran mi corazón, me mostraran amor puro, incondicional y piadoso, que curaran mis heridas y me sanaran de mis inseguridades. Pero nadie puede amarnos perfectamente en esta tierra y tampoco podemos amar a otros de esa manera. Eso se debe a que nosotras (y aquellos que esperamos que nos amen) todavía vivimos en nuestro cuerpo carnal (y muchas veces egoísta). Porque todavía cedemos a nuestra naturaleza egoísta. Porque todavía carecemos de la perfección espiritual que solo recibiremos cuando estemos con Jesús.

Mientras estemos sacando lo que necesitamos de otra persona, estaremos sacando de una fuente que nunca nos saciará, y seguiremos teniendo sed y más anhelo. Terminaremos vacías, secas, marchitas. Solo cuando le rendimos ese vacío de nuestro corazón a Jesús, finalmente se llenará.[1]

Llena el vacío

Juana, la directora de un ministerio femenino de Arkansas, hace poco predicó a las mujeres de su iglesia y les relató su historia de intentos por llenar el vacío de su corazón con otras personas en lugar de Dios. Cuando ella nació, sus padres ya estaban divorciados, por eso Juana creció con el anhelo de un padre que la amara y cuidara de ella. A los cinco años, su sueño de un padre se hizo realidad cuando su madre se volvió a casar y ese nuevo hombre en su vida la adoptó legalmente. Ella estaba entusiasmada y tenía muchas expectativas. Pero en vez de criarla y amarla como ella esperaba, experimentó temor, decepción y más rechazo debido al maltrato emocional y la desatención de ambos padres.

1. Para más enseñanza sobre cómo dejar que Dios sacie la sed de tu corazón, busca mi libro *Letting God Meet Your Emotional Needs*, en www.StrengthFor TheSoul.com (solo disponible en inglés).

Con el continuo vacío en su corazón de un padre que la amara, Juana empezó a invitar a otras cosas que llenaran ese vacío en su vida. Terminó enamorada de un joven, de quien buscaba su atención para llenar ese vacío. Pero él era solo un hombre. No podía satisfacerla por completo. Su amor no compensaría los sentimientos de rechazo que todavía la invadían. Finalmente, Juana empezó a tratar de llenar el vacío de su corazón fuera de su matrimonio. En consecuencia, no solo experimentó el rechazo de sus dos padres, sino ahora también el de su esposo a causa de su infidelidad hacia él y sus votos matrimoniales. Fue entonces cuando buscó a Dios como el Padre que nunca conoció.

"Él era el único en ese momento de mi vida que podía salvarme", dijo ella.

Juana sabe hoy que Dios es su Padre, que la salvó, la redimió y la adoptó como hija. "Él restauró mi matrimonio y me mostró su amor incondicional y el perdón a través de mi esposo, mis hijos y mis amigos".

"Dios llenó los espacios vacíos de mi corazón. Hace tiempo que Él quería entrar en esos espacios vacíos y estaba esperando que me rindiera a Él".

Todas las personas que experimentan rechazo de algún tipo buscan que otra cosa llene ese vacío hasta que se dan cuenta de que solo el Señor Jesús lo puede llenar. ¿Con qué has llenado el vacío de tu corazón? Solo el amor perfecto puede hacerlo.

Una imagen del amor perfecto

Si lo que *pensaste* que era amor te hirió, tomemos un momento para descubrir qué es *realmente* el verdadero amor.

En 1 Corintios 13:4-8 se nos da la descripción del amor más detallada de la Biblia. Se lee en las bodas, se cita en tarjetas y se enseña como la instrucción ideal de Dios para aprender a amarnos unos a otros:

> El amor es paciente y bondadoso. El amor no es celoso ni fanfarrón ni orgulloso ni ofensivo. No exige que las cosas se hagan a su manera. No se irrita ni lleva un registro de las ofensas recibidas. No se alegra de la injusticia sino que se alegra cuando la verdad triunfa. El amor nunca se da

por vencido, jamás pierde la fe, siempre tiene esperanzas
y se mantiene firme en toda circunstancia… ¡Pero el amor
durará para siempre!" (NTV).

Aunque ese pasaje bíblico sirve como una instrucción sobre cómo
amar a otros y un objetivo para cumplir, es interesante notar que describe perfectamente el amor de Dios por nosotros. De modo que piensa
en esto: debemos amar a otros como Dios nos ama. Pero ninguna de
nosotras podemos amar a otros con ese amor perfecto. Entonces, ¿cómo
pretendemos que otro ser humano nos ame perfectamente todo el
tiempo? Si nos concentráramos en cómo Dios nos ama, reconoceríamos
a los impostores cuando lleguen. Tendríamos expectativas más realistas
de los demás y creo que cuidaríamos nuestro corazón un poco más.

Entonces, ¿cómo te concentras en el perfecto amor de Dios?

Una nueva perspectiva sobre el verdadero amor

En una carta a la iglesia de Éfeso del primer siglo, Jesús habló del
amor puro y perfecto. Empezó mencionando todo lo que esta iglesia
había hecho en su nombre:

> Yo conozco tus obras, y tu arduo trabajo y paciencia; y
> que no puedes soportar a los malos, y has probado a los
> que se dicen ser apóstoles, y no lo son, y los has hallado
> mentirosos; y has sufrido, y has tenido paciencia, y has
> trabajado arduamente por amor de mi nombre, y no has
> desmayado (Ap. 2:2-3).

Esa es una trayectoria muy impresionante, ¿verdad? De hecho,
si tú y yo hiciéramos todo lo que se elogia de esta iglesia, podríamos
sentirnos muy buenas seguidoras de Cristo, que gozamos de su favor.
Al menos, nos sentiríamos como personas de buena moral y temor
de Dios.

Por eso es muy sorprendente ver lo que Jesús dijo después: *"Pero
tengo contra ti*, que has dejado tu primer amor" (v. 4).

A pesar de todas las cosas buenas que los efesios estaban haciendo,
Dios tenía algo contra ellos. Habían perdido su fervor y su pasión por
Él. No tenían el mismo amor.

En la Nueva Versión Internacional, este versículo dice: "has abandonado tu primer amor".

"Abandonamos" nuestro primer amor cuando nos apasionamos por otra cosa u otra persona, cuando tenemos pasión por alguien que se lo merece menos o cuando obedecemos y servimos a Dios por deber y no por devoción. Cuando Dios no es nuestro primer amor, todo se viene cuesta abajo en nuestra vida. Jesús siguió llamando la atención de los efesios sobre cuánto habían caído: "¡Recuerda de dónde has caído! Arrepiéntete y vuelve a practicar las obras que hacías al principio".[2]

Jesús demanda y se merece ser el primer amor en nuestra vida. A lo largo de todo el Antiguo Testamento, Dios dice que es un Dios celoso, no de una manera egocéntrica, sino porque se merece la devoción de nuestro corazón (Éx. 34:14). Él pagó el precio más alto por nosotros. Simplemente, no tolerará ocupar el segundo o tercer o décimo lugar en nuestra vida. Por eso Jesús exhortó a los efesios a volver a buscarlo con pasión y hacer de Él el primer amor. Veamos qué podemos aprender de su exhortación:

1. Recuerda de dónde has caído

¿Recuerdas un tiempo de tu vida cuando estabas mucho más cerca de Dios que ahora? ¿Anhelas volver a tener esa pasión? Piensa en la primera vez que te enamoraste. ¿Recuerdas cómo había cautivado tu corazón ese hombre? Estabas casi obsesionada tan solo con pensar en él. Espero que puedas recordar también cuando conociste a Cristo; la primera vez que descubriste el sacrificio que hizo por ti y cómo conmovió tu corazón. Dios quiere que recuerdes cómo era tu relación con Él. Quiere que recuperes la pasión que una vez sentías por Él. Debes reconocer cómo era tu relación con Él para que vuelva a ser como al principio.

2. Arrepiéntete (por buscar el amor de otros antes que el de Él)

¿Quién o qué ha llegado a ser más importante para ti que Cristo? Aun tus heridas pueden ser más importantes que el Sanador de tus heridas. Dile a Dios quién o qué lo ha reemplazado en el trono de tu corazón y cuánto lamentas haber permitido que eso suceda. Después

---

2. Apocalipsis 2:5 (NVI).

comprométete a no dejar que ese objeto o esa persona lo reemplacen otra vez. (La palabra original en griego para "arrepiéntete" de Apocalipsis 2:5 significa, literalmente, "piensa diferente" o "reconsidera"[3]).

3. Recupera la pasión de tu relación con Él

Jesús exhortó a quienes habían perdido la pasión por Él a volver a "practicar las obras que hacía[n] al principio" (v. 5, NVI). ¿Pasabas más tiempo en su Palabra, en oración y comunión con Él durante todo el día en algún momento de tu vida? ¿Lo alababas mucho más antes que ahora? ¿Te gloriabas en Él o anunciabas a todos que habías encontrado una nueva vida en Él? Esas son las obras que Él quiere que vuelvas a practicar; reafirmar en ti y proclamar a otros que Él es el amor más importante de tu corazón. Una vez que recuerdes cómo era tu relación con Él y te arrepientas por haberte enfriado, debes recuperar esa pasión y hacer lo que antes hacías. *Mostrarle* tu amor.

Cuida tu corazón

Sé que es fácil reemplazar a Dios por otras cosas, dejar que otra cosa ocupe el trono de nuestro corazón. Cuando estaba hablando con Christina (cuya historia de una niñez y transgresión a la ley relato en el capítulo 3) sobre el cambio que el Señor hizo en su vida, ella me dio una ilustración trivial, pero convincente, de cuán fácil es para nosotras dejar que otra cosa, incluso algo superficial, ocupe el trono de Dios en nuestra vida.

"El otro día escuché mis pensamientos —me dijo Christina—. Pensé: 'Señor, mi corazón palpitó por un par de zapatos. Ese no es el corazón que tú quieres. Tú quieres que mi corazón solo palpite por ti'".

Me avergüenza decir que mi corazón también palpitó por un par de zapatos (¡y quienes me conocen personalmente pueden dar fe de eso!). Pero, como dijo Christina, ese no es el corazón que Dios quiere. Él no quiere que un par de zapatos o planes o sueños o deseos o *cualquier ser vivo* ocupen el trono de mi corazón. Solo le pertenece a Él. Y solo Él puede llenarlo por completo.

No estoy diciendo que no deberíamos disfrutar o apreciar las cosas bonitas o que deberíamos rechazar cualquier objeto material. Después

---

3. E-Sword Version 10.0.5, © 2000-2012 por Rick Meyers.

de todo, tengo bastantes relojes, carteras y… sí… ¡zapatos! Pero tengo que tratar de refrenarme, como mencionó Christina, examinar constantemente mi corazón y preguntar: "¿Qué es más importante para mí hoy?". ¿Es alguna de mis pertenencias? ¿Es cómo me veo? ¿Es lo que tengo puesto? ¿O es a quién conozco? Y quiero que esa emoción en mi corazón venga de mi comunión con Dios, que ese "tengo que tenerlo" sea por una relación más íntima con Él, no por algo que pienso que saciará mi deseo temporal.

También es posible que tu corazón palpite por una persona: un hombre nuevo en tu vida, alguien que conociste en el trabajo o incluso un nuevo bebé o un nieto. Pero Jesús indicó claramente en su Palabra: "El que ama a padre o madre más que a mí, no es digno de mí; el que ama a hijo o hija más que a mí, no es digno de mí" (Mt. 10:37). Esas son palabras duras, pero salen de la boca de Dios, que pagó un precio por nuestra vida, nos creó para Él y nos pide que lo amemos con todo (no parte) nuestro corazón, toda nuestra mente y todas nuestras fuerzas.

¿Quién o qué está haciendo palpitar tu corazón en este momento? ¿Quién o qué está ocupando el lugar de Dios en el trono de tu corazón? Estas preguntas te pueden ayudar a evitar el problema de buscar tu satisfacción en algo o alguien que no sea Dios. Y puedes evitarte mucho dolor en el futuro. Cuando algo se convierte en tu primer amor, el dolor es inevitable. Sin embargo, cuando Cristo ocupa el primer lugar en tu vida, reconocerás el perfecto amor. Y ya no te dejarás engañar por substitutos. Tendrás un criterio más elevado, no te dejarás engañar por tu corazón y experimentarás el *verdadero* amor. Guarda cuidadosamente tu corazón, hermana. Le pertenece solo a Él.

PASO #7 *Hacia la sanidad y la plenitud*

Reconoce la diferencia entre el amor real y el amor distorsionado.

Y acepta el amor de Dios como el único que te puede saciar.

DEJA QUE CONTINÚE LA SANIDAD

1. ¿Cómo has identificado el amor hasta ahora en tu vida?

2. ¿Puedes ver el amor distorsionado en las heridas de tu corazón; lo opuesto al amor perfecto que Dios ha diseñado? Explícalo.

3. Lee los versículos siguientes y escribe, junto a cada uno, tu respuesta en oración a Dios y lo que sientes al leer cómo la Palabra describe el amor de Dios por ti:

   Isaías 49:15-16

   Jeremías 31:3

   Romanos 8:37-39

Una oración para volver a tu primer amor

Amante de mi alma:

Tú eres ejemplo de un amor incondicional y abnegado al dar tu vida por mí para que yo pueda vivir contigo por la eternidad. ¡Qué amor más asombroso! No hay otro amor igual en esta tierra.

Señor, cura las heridas que mi exposición al amor imperfecto y distorsionado causó en mi corazón. Toma el bálsamo de tu amor puro y perfecto y unge las partes llagadas y las heridas que aún están abiertas en mi dolorido corazón.

Perdóname por buscar satisfacción en alguien o algo que no eres tú. Ocupa el lugar que te corresponde en el trono de mi corazón y no lo dejes nunca. Ayúdame a guardar mi corazón y, si alguna vez permito que alguien más llene el espacio que tú has ocupado, recuérdame en tu bondad que tú eres Aquel que puede saciarme y que no serás segundo de nadie.

Mi corazón es tuyo, Señor Jesús. Gracias por amarme como nadie ha podido hacerlo en esta tierra. Gracias porque tu amor y tu afecto por mí son incomparables. Y gracias porque gracias a tu muerte y resurrección por mí, mi corazón ya tiene Dueño.

PARTE III

Descubramos un nuevo corazón

*Les daré un nuevo corazón, y les infundiré un
espíritu nuevo; les quitaré ese corazón de piedra que
ahora tienen, y les pondré un corazón de carne.*

Ezequiel 36:26 (nvi)

8

¡Al fin puedo ser libre!

Sé libre a través del perdón

Si conocieras la historia de Dina, pensarías que estaba en todo su derecho de estar resentida con cada persona en quien había confiado.

Sin embargo, Dina conoce la libertad que viene a través del perdón, especialmente cuando es difícil perdonar.

Dina creció con un padre emocionalmente distante y una madre crítica, cuyo amor —sentía Dina— estaba condicionado a su desempeño.

Después de pasar toda su niñez tratando de agradar a sus padres y ganarse su amor, se enteró de que era adoptada.

"Eso empeoró la situación. Me preguntaba qué había de malo en mí para que mis padres biológicos me abandonaran. Y me dolía que mis padres adoptivos hubieran guardado ese secreto por tantos años", dijo Dina.

Las heridas de su corazón se agravaron aún más el día en que se enteró que su esposo le había sido infiel con su mejor amiga.

Abandono. Sentimientos de rechazo. El dolor del distanciamiento emocional. Secretos. Mentiras. Y ahora, la máxima traición no solo de su esposo, sino también de su mejor amiga.

Dina recuerda quedarse paralizada por la tristeza, en ocasiones como si fuera un alma en pena. Dondequiera que iba estaba presente físicamente, pero no emocionalmente. "Hacía tanto que tenía esas heridas, que ya no las veía. Escondía mi dolor en vez de enfrentarlo. La vergüenza era un manto que llevaba puesto todo el tiempo".

El día que murió por dentro

Hacía casi seis años que Dina y Brian estaban casados cuando ella se enteró de la aventura amorosa de Brian. Dina lo supo después de mudarse a otro estado y el esposo de su mejor amiga la llamó para darle la noticia. Cuando Dina llamó a su amiga para hablar de ese asunto, su amiga negó toda responsabilidad y le echó la culpa a Dina.

"Cuando mi esposo llegó a casa, me contó todos los detalles de lo que había ocurrido y lo que no y después me dijo básicamente que no quería hablar más del tema. Además, me dijo que tenía motivos para divorciarme si decidía hacerlo", dijo Dina.

Dina tenía la intención de divorciarse de Brian, pero mientras pensaba qué hacer y a dónde ir, se enteró de que estaba embarazada de su primer hijo. (No habían tenido hijos hasta el momento y no era su objetivo tenerlos). Dina no quería ser una madre soltera, de modo que, por el bebé, decidió no terminar con su matrimonio. Pero siguió siendo desdichada, vivía con un hombre en quien ya no podía confiar y había perdido el interés en su matrimonio. Dos años después que nació su hija, tuvieron otro hijo.

Aunque Brian estaba arrepentido y deseaba una reconciliación, Dina seguía paralizada por el dolor y ya no le importaba su matrimonio. El resentimiento y la amargura habían levantado una barrera que impedía cualquier atisbo de sensibilidad en su corazón.

"Seguimos asistiendo a la iglesia y sentimos que el Espíritu Santo estaba trabajando en cada una de nuestras vidas, pero jamás hablamos de la aventura amorosa. Todavía tenía preguntas sin respuesta que no podía formular. Creo que lo había racionalizado todo en vez de enfrentarlo. Un pastor se acercó a nosotros y nos pidió que lideráramos un grupo pequeño de estudio bíblico sobre el matrimonio. Mi esposo aceptó y casi me muero. Íbamos a liderar ese grupo cuando nosotros mismos teníamos asuntos sin resolver. Yo me había distanciado de Brian y no quería acercarme a ese hombre que tenía un pie en la puerta de nuestro matrimonio ¡y el otro fuera para ver si había algo mejor por allí!".

"En ese tiempo, Brian estaba tomando en serio su vida cristiana y quería ser sincero conmigo. Me dijo que se había sentido atraído sexualmente a otra mujer con la que trabajaba. Yo había escuchado suficiente y no quería saber nada más. Él estaba tratando de ser transparente, pero yo no estaba preparada para escuchar lo que su corazón y su mente fantaseaban. Levanté un muro alrededor de mi alma y mi corazón, y no lo dejaba entrar. En ese momento éramos, prácticamente, compañeros de cuarto. No quería hablar de nada con él, por temor a que pudiera usarlo en mi contra y lastimarme. Ya no confiaba en él. No creía que deseara lo mejor para nuestra familia. Nos habíamos distanciado y no teníamos nada en común. Yo no quería saber nada más; pero teníamos dos hijos que criar".

Después Brian sugirió que los dos asistieran a una clase de su iglesia llamada "Cómo tener un matrimonio a prueba de divorcio". Ella fue de mala gana y luego los invitaron a asistir a un seminario de emergencia matrimonial,[1] que estaba abierto solo a pocas parejas. "Eso es lo que salvó nuestro matrimonio —dijo Dina—. Fue allí que me sentí segura para hacerle preguntas sobre aquella aventura amorosa y le pude decir cómo me había hecho sentir. Ese fue el comienzo de nuestro proceso de sanidad".

Después del seminario de emergencia matrimonial, Brian empezó a asistir a un estudio bíblico para hombres que luchaban para ser emocional y sexualmente fieles a sus esposas. Hasta el día de hoy, él ha estado asistiendo cada semana durante los últimos cuatro años. Tiene un compañero a quien le rinde cuentas y ha dado todos los pasos necesarios para volverse a ganar la confianza de su esposa. Y Dina empezó a participar de un grupo pequeño con otras mujeres, que se están recuperando de heridas similares, y poco a poco está volviendo a confiar en su esposo.

"No fue todo instantáneo —dijo Dina—. Todavía seguimos trabajando sobre algunos asuntos, y yo aún estoy aprendiendo a confiar en mi esposo. No confío plenamente en él, y él lo sabe. Él sabe que tendrá que volverse a ganar mi confianza y que podría llevar uno o veinticinco años. Sin embargo, aunque todavía estamos trabajando en la confianza, lo amo entrañablemente y no lo cambiaría por nada del mundo".

¿Cómo recuperó Dina el amor por Brian? ¿Cómo pudo renovar su esperanza a pesar de las heridas del pasado? ¿Cómo pudo quitarse ese manto de vergüenza y empezar a vestirse con su nueva identidad en Cristo?

"El perdón es la clave —dijo ella—. El perdón no es liberar de peso a la otra persona; es liberarte a ti misma. Cuando perdonas, te das cuenta de que estabas atada o cautiva y debes perdonar para ser libre".

---

1. *Emergency Marriage Seminar* está dirigido por Rick Reynolds de Affair Recovery. Para más información ver www.affairrecovery.com.

"Perdonar es un proceso, y no siempre es fácil, ¡pero no perdonar es llevar a cuesta una pesada carga totalmente innecesaria!".

Durante un tiempo, Dina sintió que no podía perdonar a su esposo ni a nadie que la hubiera hecho sufrir. "Pero cuando *perdoné*, me di cuenta de que *yo* era la que estaba cautiva por no perdonar".

Nuestro camino a la libertad

Al igual que Dina, a veces podemos negarnos a perdonar a nuestros ofensores porque no queremos liberarlos del peso de la culpa, porque no se ganaron nuestro perdón o porque no confiamos en ellos. Pero dado que el perdón es la clave para dejar atrás nuestras heridas, veamos qué significa realmente perdonar. Para eso, vamos a aclarar algunas ideas falsas sobre el perdón y a compararlas con lo que dice la Palabra de Dios sobre el tema.

Idea falsa #1: El ofensor tiene que ganarse nuestro perdón

A menudo creemos que quienes nos han lastimado deben disculparse, dar muestras de estar arrepentidos y pedirnos perdón. O esperamos que, de alguna manera, nos compensen por el dolor que nos provocaron. En el caso de Dina, no había nada que Brian pudiera hacer para compensar el dolor que le había causado. El daño ya había sido hecho. Sin embargo, Dios nos ordena perdonar, ya sea que la otra persona nos haya pedido perdón o no. Ya sea que la otra persona esté arrepentida o no. Ya sea que la otra persona se lo merezca o no.

Dina dijo: "Es muy difícil perdonar y es antinatural, pero debemos perdonar a otros como Cristo nos perdonó".

Si estás esperando que tu ofensor te pida disculpas o admita haberte ofendido, la verdad es que puede que nunca suceda. Y si la persona que abusó de ti, te abandonó o te traicionó no está verdaderamente arrepentida, ¿sería suficiente para aliviar tu dolor? No. De modo que tu perdón no puede depender de la actitud o el proceder del ofensor. Para empezar, el hecho de que te hayan hecho tanto daño podría ser una indicación de que son incapaces de subsanar el daño que te causaron. Por eso *tú* debes perdonarlos voluntariamente, como un acto de obediencia a Dios y de firme confianza en su poder para sanarte, de tal modo que puedas dejar el dolor atrás y entrar en los propósitos que Él tiene para tu vida.

Cuando Jesús fue a la cruz por ti, Él perdonó tus pecados *antes* que le pidieras perdón (Ro. 5:8). Él quiere que extiendas la misma gracia y perdón a otros, sin importar la medida del dolor que te hayan causado (Col. 3:12-13).

Sandra, cuya historia se encuentra en el capítulo 2, jamás recibió una disculpa de su padre maltratador. Hasta que él murió, siguió siendo cruel y emocionalmente manipulador con ella. Si Sandra hubiera esperado hasta el día que se mereciera su perdón, nunca lo hubiera perdonado. Si hubiera esperado una disculpa o una muestra de arrepentimiento en él, tampoco lo hubiera perdonado. Pero Sandra se liberó de lo que la ataba a su padre cuando lo liberó a él y entregó sus ofensas a Dios. Ya no guarda resentimiento en su mente ni en su corazón. Solo conoce la gracia que le extiende a otros debido a la gracia que Dios tuvo con ella.

De modo que no esperes que la otra persona dé el primer paso. Puede que ese día nunca llegue. Pero este es el día para que *decidas* perdonar voluntariamente.

Idea falsa #2: El perdón es un acto puntual

También creemos que cuando perdonamos a alguien, solo tenemos que hacerlo una vez y ya está; no tenemos que volver a pensar en eso. Nos gustaría que fuera así, pero a menudo nuestras heridas no sanan de la noche a la mañana. (Recuerda que el proceso de sanidad de Dina fue más largo, porque ella no podía hacerle preguntas a Brian sobre su aventura amorosa). A menudo recordamos nuestras heridas cada vez que nos viene el incidente a la memoria o si tenemos que enfrentar las consecuencias diarias de ese incidente. Aunque hayas perdonado genuinamente, un día podrían aparecer antiguos brotes de resentimiento cuando menos te lo esperas. Por eso el perdón es una decisión continua.

Cuando Pedro, el discípulo, preguntó a Jesús si debía perdonar siete veces al hermano que pecara contra él, debió pensar que estaba siendo generoso. Después de todo, si alguien te ofende una vez, tú lo perdonas. Si te ofende dos, estás siendo misericordioso si lo perdonas. Pero estoy segura de que conoces el dicho: "Engáñame una vez, ¡qué pena me das! Engáñame dos veces, ¡qué pena *me doy*!". ¿Quién en su sano juicio perdonaría a la misma persona *siete* veces? Pero Jesús exhortó a Pedro a perdonar a ese hermano hasta "setenta veces siete" (Mt. 18:22). Jesús estaba reafirmando en Pedro que su perdón no debería tener límites, así como el perdón de Dios tampoco los tiene.

Es interesante notar que Pedro no le preguntó a Jesús cuántas veces debía perdonar *a todas las personas* que lo habían lastimado durante toda su vida. La pregunta era cuántas veces debía seguir perdonando *a la misma persona*. Y, seamos realistas, nos cuesta perdonar más a quienes nos ofenden reiteradamente. Sin embargo, Jesús quería que Pedro (y nosotras) entendiéramos que el perdón es algo que debemos hacer continuamente, aunque eso implique perdonar a la misma persona una y otra vez. Puede que hayas perdonado a una persona por algo que te hizo hace años; pero cada vez que aparecen brotes de resentimiento y rastros de dolor de hace mucho tiempo, debes volver a perdonar. Solo porque hayas perdonado a una persona una vez, no significa que ya está. Cada vez que la ofensa te venga a la mente, vuelve a perdonar a esa persona. El perdón es continuo.

Idea falsa #3: Perdonar significa olvidar

Las Escrituras dicen que, cuando Dios perdona nuestros pecados, también *los olvida*:

- "Yo, yo soy el que borro tus rebeliones por amor de mí mismo, y no me acordaré de tus pecados" (Is. 43:25).

- "Cuanto está lejos el oriente del occidente, hizo alejar de nosotros nuestras rebeliones" (Sal. 103:12).

- "Él volverá a tener misericordia de nosotros; sepultará nuestras iniquidades, y echará en lo profundo del mar todos nuestros pecados" (Mi. 7:19).

¿No sería bueno que nuestra mente funcionara como la de Dios? Quisiéramos tener la capacidad de olvidar nuestros pecados, así como los pecados de los demás. Pero, en nuestra humanidad, nos cuesta olvidar las cosas que más nos han herido. Si tu esposo te dejó y estás lidiando con las consecuencias diarias y constantes de su decisión de abandonar la familia, no podrás *olvidar* lo que hizo. Si una persona te lesionó y todavía tienes las cicatrices físicas de ese maltrato, seguirás *recordando* lo que sucedió cada vez que veas esas cicatrices. Pero solo por *recordar* una ofensa no significa que no has *perdonado*; sino que no puedes olvidarlo como Dios lo hace.

Cada vez que recuerdes la ofensa que has perdonado, sigue estos pasos del perdón:

1. Admite que te hicieron daño.
2. Reconoce que tu ofensor está en deuda contigo por su mala acción.
3. Libera a tu ofensor de su deuda contigo.

Como mencioné anteriormente, puede que necesites hacer esto cada vez que la ofensa te venga a la mente. Pero no te condenes porque lo sigues recordando. Hay una diferencia entre solo recordar o estar *todo el tiempo pensando* en eso. Recordar es natural. Pensar en eso todo el tiempo es enfermizo.

Dina dijo que cuando su mente empieza a recordar ofensas del pasado, pone en práctica lo que dice 2 Corintios 10:5: "Destruimos argumentos y toda altivez que se levanta contra el conocimiento de Dios, y llevamos cautivo todo pensamiento para que se someta a Cristo" (NVI).

"Tengo que llevar cautivos mis pensamientos constantemente y no permitir que me acusen a mí o a otros", dijo ella.

Idea falsa #4: Perdón significa restauración o reencuentro

Mía estaba enojada con su compañera de cuarto "Johana". Hacía meses que no hablaban debido a algunos problemas financieros sin resolver y porque Johana le había mentido a Mía en varias ocasiones. Cuando Johana encontró a Mía en Facebook, finalmente se disculpó por lo que había hecho; pero Mía estaba reacia a restaurar la relación. Fue entonces cuando le explicaron que perdonar a alguien no significa tener que confiar en esa persona otra vez. No significa tener que restaurar la relación. Más bien, significa que ya no esperas que esa persona "pague" por el daño que te hizo. Mía experimentó libertad cuando se dio cuenta de que podía ser amable con ella, sin embargo, también podía mantener límites saludables. No tenía que exponerse a que le volviera a mentir, que se aprovechara de ella o que la engañara otra vez.

A través de los años, he aconsejado a muchas mujeres que estaban en una relación emocional y físicamente abusiva y les he recalcado que perdonar a su ofensor no significa darle otra posibilidad de lastimarlas.

No significa reconciliar la relación si la otra persona no da muestras de un verdadero arrepentimiento. Una persona que te hizo daño no tiene que ganarse tu perdón, pero, sin lugar a dudas, tiene que volver a ganarse tu confianza. Puedes liberar a una persona de su ofensa y, sin embargo, mantener límites protectores alrededor de tu corazón, tu mente y tu cuerpo. Dios nos ordena perdonar y a hacerlo sin reservas. Pero reencontrarte con un marido que te engañó y no está arrepentido, una amiga que te difamó o un jefe que te maltrata es una cosa totalmente distinta. Puedes perdonar a esa persona, pero no tienes que volver a tener una *relación* con él o ella.

A veces pensamos que, si perdonamos a alguien, la relación se restaurará. Pero no siempre sucede.

El padre de Estefanía dejó a su mamá y abandonó a la familia cuando ella tenía unos cinco años. Después que se volvió a casar y se convirtió en el padrastro de los hijos de su segunda esposa, el padre de Estefanía empezó a hacer arreglos para que ella y su hermana pasaran los fines de semana de visita con él.

"Todos éramos pequeños y la relación era tirante. Yo estaba enojada con él, y él nos ponía a mi hermana y a mí en segundo lugar después de su nueva esposa y sus hijos. Por lo que puedo recordar, nuestras conversaciones siempre eran hostiles. Yo estaba muy resentida con él. Después de hablar con él por teléfono, lloraba o me ponía muy mal. Me dolían sus promesas huecas de vernos más o de llamarme más veces para estar más comunicados".

"No fue hasta que me convertí a Cristo que me di cuenta de que necesitaba perdonar a mi papá. Le escribí una carta y le dije que finalmente estaba dejando todo eso atrás. Le dije que lo perdonaba por haber abandonado a nuestra familia y que quería tener una relación más cercana con él. Él me llamó y me dijo que estaba conmovido de saber que había guardado el dolor del divorcio por tanto tiempo, y que pensaba que tendría que haberlo soltado hacía mucho tiempo. ¡Yo estaba absolutamente conmovida de escucharle decir eso! ¿Y qué pensaba él de todas las veces que habíamos conversado y yo me molestaba? Al parecer, él no lo había notado y no le había dado tanta importancia. Probablemente, nunca lo sabré, y está bien. Tan pronto como tuve esa conversación, me sentí mejor".

"Todavía me sigue haciendo promesas huecas y me dice cosas

hirientes, pero, desde que lo perdoné, Dios me ha dado paz. Esperaba que nuestra relación se sanara, pero no sucedió, y eso no me afecta como antes. Todavía me duele, pero puedo dejarlo pasar y estar en paz. Y tengo mucha paz si considero el hecho de que siempre estuve en último lugar en su vida".

Cuando perdonas, no significa que tu relación con el ofensor se restaurará por completo. Solo significa que tendrás paz por haber perdonado y podrás avanzar en tu vida.

Los beneficios del perdón

Ahora que hemos aclarado algunas ideas falsas sobre el perdón, veamos los hermosos beneficios de perdonar a otros como Dios te perdona a ti.

El perdón te libera para que seas obediente a Dios

Jesús dice que perdonemos como hemos sido perdonados.

Todos hemos ofendido, traicionado o herido a Dios de alguna u otra manera. Sin embargo, Él nos perdona generosamente y sin reservas. Nuestra deuda de gratitud con Él queda saldada cuando perdonamos generosamente y sin reservas a otros.

En Mateo 18:23-35, Jesús contó una parábola sobre un rey que decidió poner al día las cuentas con los siervos que le habían pedido prestado dinero. En el proceso, le trajeron a uno de sus deudores que le debía el equivalente a millones de dólares. Como no podía pagar, el rey ordenó que lo vendieran junto con su esposa, sus hijos y todo lo que poseía para pagar la deuda. Pero el siervo cayó de rodillas ante el rey y le suplicó que tuviera paciencia y que él le pagaría todo. Entonces el rey tuvo lástima de él, le canceló la deuda y lo dejó ir.

Después que ese siervo se marchó, fue a buscar a un compañero, también siervo, que le debía unos pocos dólares, a quien tomó del cuello y le exigió que le pagara de inmediato. El compañero cayó de rodillas ante él y le rogó que tuviera paciencia tal cual su acreedor le había rogado al rey: "Ten paciencia conmigo, y yo te lo pagaré todo" (v. 29). Pero el primer siervo no quiso esperar. Hizo arrestar al hombre y lo puso en prisión hasta que pagara toda la deuda.

Cuando el rey se enteró de todo lo que había sucedido, mandó llamar al primer siervo: "¡Siervo malvado! —le increpó—. Te perdoné toda aquella deuda porque me lo suplicaste. ¿No debías tú también haberte compadecido de tu compañero, así como yo me compadecí de ti?". Enojado, el rey lo entregó a los carceleros para que lo torturaran hasta que pagara todo lo que debía. Jesús resumió esa historia con una advertencia sobre las consecuencias de no perdonar a otros después que Dios ha sido tan misericordioso con nosotros y nos ha perdonado: "Así también mi Padre celestial los tratará a ustedes, a menos que cada uno perdone de corazón a su hermano" (Mt. 18:35, NVI).

"Nunca la podré perdonar por lo que me hizo", dijo una muchacha de escuela secundaria en referencia a su antigua mejor amiga, que había murmurado sobre ella y le había "robado" el novio. "Pero Maribel —le respondí—, ¿no sabes que Dios te ha perdonado por algo que merecía la muerte? Y si Dios te perdona por cada uno de tus pecados, ¿no crees que tú también puedes y debes perdonar a quienes te ofenden?".[2] No le gustó escuchar eso. Pero le hizo pensar dos veces en su corazón endurecido hacia la muchacha que dijo que nunca perdonaría.

El perdón te hace libre para que puedas vivir el propósito de Dios para tu vida

Puesto que Dina pudo perdonar a su esposo Brian, ahora ambos están ministrando a otras parejas del grupo pequeño de su iglesia. Pero si ella hubiera dicho: "¡Hasta aquí llegué! No quiero seguir adelante con este matrimonio", ¿no hubiera frenado el obrar de Dios, que estaba esperando para redimir y restaurar su situación?

En el capítulo 1 vimos brevemente el relato bíblico de la historia de José, que fue víctima de la envidia de sus hermanos que lo vendieron como esclavo. Después lo encarcelaron injustamente y, al final, lo liberaron y pusieron como gobernador de todo Egipto, segundo en jerarquía después del mismísimo faraón. Dios usó las intenciones malvadas de los hermanos de José para hacer algo extraordinario en su vida. Volvamos a ver qué sucedió cuando José se encontró frente a frente con sus hermanos un par de décadas más tarde.

Después que José asumiera el poder en Egipto, la hambruna que les predijo a sus hermanos por medio de su sueño se cumplió. Sus hermanos, empobrecidos y a punto de morirse de hambre, fueron a Egipto en busca de alimentos. A través de una serie de sucesos, se

---

2. Mateo 6:14-15.

encontraron. En ese encuentro ellos no reconocieron a José, pero él sí. En lugar de confrontarlos y "pagarles con la misma moneda" (¡José tenía la autoridad de hacerlos ejecutar de inmediato!), les reveló su identidad y derramó lágrimas de perdón y liberación.

¿Cómo pudo José hacer tal cosa? Él creía que lo que ellos habían hecho era parte del plan divino de Dios para su vida. Estaba tan seguro de la bondad y los propósitos de Dios, que pudo liberar a sus ofensores como simples marionetas en las palmas de sus manos y el plan de un Dios soberano.

Años más tarde, cuando el padre de José murió, sus hermanos creían que, finalmente, ejecutaría venganza sobre ellos. Pero la respuesta amable de José fue: "No me tengan miedo. ¿Acaso soy Dios para castigarlos? Ustedes se propusieron hacerme mal, pero Dios dispuso todo para bien. Él me puso en este cargo para que yo pudiera salvar la vida de muchas personas".[3]

¿Puedes ver todo lo que sucedió en *tu* vida y reconocer que Dios puede tomar todo el dolor, el rechazo y el mal que has experimentado y usarlo para bien? Si puedes hacerlo, te garantizo que alabar a Dios reemplazará toda lástima de ti misma o todo plan que tengas para vengarte.

Es absolutamente esencial que reconozcamos el control soberano de Dios sobre nuestra vida. Eso nos permite decir: "No responsabilizo a esa persona y no guardo rencor contra ella, porque Dios tiene absoluto control sobre mi vida". Eso es rendición. Eso es madurez. Eso es perdón.

En su libro *Say Goodbye to Regret*, Robert Jeffress señala:

> José pudo ver la mano de Dios en cada dolor que había experimentado. Sí, sus hermanos le habían hecho daño; pero José creía en un Dios que era más grande que sus hermanos. José creía que Dios podía tomar las malas acciones y motivaciones de sus hermanos y usarlas para su bien y para el plan eterno de Dios. La firme creencia en la soberanía de Dios era una fuerte motivación para que José estuviera dispuesto a perdonar.[4]

---

3. Génesis 50:19-20 (NTV).

4. Robert Jeffress, *Say Goodbye to Regret* (Sisters, OR: Multnomah, 1998), p. 148.

Y Jeffress cree que no fue la única motivación de José.

El perdón te libera de tu esclavitud emocional

Jeffress cree que "José también tenía una razón egoísta para liberar a sus hermanos de su obligación: estaba cansado de ser un prisionero de la pena". Continúa:

> Años antes [José] había estado preso por una acusación injusta de la esposa de Potifar, y Dios lo había liberado milagrosamente. Pero aunque había ascendido a la posición más alta de la corte de faraón, José seguía siendo un prisionero emocional del maltrato al que lo habían sometido sus hermanos hacía muchos años.[5]

Génesis 45:1-2 nos habla de la reacción emocional que tuvo José cuando finalmente les reveló su identidad a sus hermanos. Observa las emociones reprimidas que finalmente brotaron:

> No podía ya José contenerse delante de todos los que estaban al lado suyo, y clamó: Haced salir de mi presencia a todos. Y no quedó nadie con él, al darse a conocer José a sus hermanos. Entonces se dio a llorar a gritos; y oyeron los egipcios, y oyó también la casa de Faraón.

Jeffress dice: "José no podía resistir más dolor. Necesitaba ser libre de las cadenas emocionales de los agravios del pasado que lo habían esclavizado. Y el perdón era la única manera de hacerlo".[6]

Estefanía, que finalmente pudo perdonar a su papá por abandonar a su familia, dice: "Realmente es verdad que el perdón no es para la otra persona lo que es para nosotros. Enojarme con mi papá solo me lastimaba puesto que mi papá no tenía ni idea del efecto que él tenía sobre mí, y aún no lo sabe".

¿Sigues encadenada a la persona que te ha herido? ¿Te gustaría ser libre de la amargura que te está atando e impidiendo avanzar en tu vida?

---

5. Jeffress, *Say Goodbye to Regret*, p. 148.
6. Ibíd.

Toma unos minutos ahora mismo para admitir delante de Dios que te han herido. Anímate a reconocer delante del Señor que la persona que te hirió está en deuda contigo por lo que te hizo. Finalmente, confiesa todo deseo de venganza que puedas sentir y ora más o menos así: "Señor, decido perdonar a ____(nombre de la persona)____ por ____(menciona el daño que la persona te hizo)____, aunque me hizo sentir ____(menciona los recuerdos o sentimientos dolorosos)____".[7]

Ya sea que tu ofensor esté arrepentido o no, ya sea que exprese remordimiento o no, tu decisión de liberarlo de su ofensa y su deuda *te* hará libre de la prisión de tu amargura y te permitirá seguir adelante con tu vida.

Libertad para seguir adelante

Una vez que perdones a aquellos que te ofendieron, tus ojos se abrirán y podrás ver la cantidad de bendiciones que Dios te ha dado mientras estaba sanando tu corazón.

Eso le pasó a Janina, una madre de dos hijos que pensaba que era la única esposa del mundo que había sufrido el engaño de su marido, y que experimentó múltiples incidentes de traición y abandono. Descubrió que, al perdonar a Santiago, podía ver todo lo que Dios estaba haciendo en su vida y en la vida de sus hijos. Y pudo seguir adelante.

"El perdón no ha sido fácil para mí —dijo ella—. Todavía es un proceso entre Dios y yo, especialmente los días que Santiago promete hacer algo con nuestras niñas y no lo hace; cuando se olvida de sus ceremonias de graduación, cumpleaños, bienvenidas a casa y otros festejos especiales. Dios me está enseñando a rendirle todo a Él. No es una carga que yo puedo llevar".

"Dios suple nuestras necesidades, nos protege, nos ama y nos bendice de muchas maneras. Un día mi hija menor me hizo llorar cuando me abrazó y me dijo: 'No hay otro lugar mejor para vivir que a tu lado'. Nuestro hogar conoce la paz, el amor y la risa hoy y verdaderamente creo que es porque Dios es nuestro fundamento inconmovible".

"El otro día le pregunté a Dios: '¿Qué sucede con una persona

---

7. Esta oración sugerida es parte de la lección dos "Fellowship with God" del plan de estudios de *Knowing God Personally* publicado por Multiplication Ministries, © 1996.

que abandona su familia y vive para sí misma?'. Escuché claramente a Dios que me dijo: 'Mejor sería preguntar: ¿Qué bendiciones están reservadas para la persona que permanece, sostiene y protege a esa pequeña familia?'".

Janina dijo: "El Señor conoce por lo que he pasado y durante los últimos cinco años ha sido nuestro protector, nuestro proveedor y nos ha dado amor incondicional. Hizo más que suplir *todas* mis necesidades. Desarrolló mi carácter, aumentó mi paciencia y me hizo más persistente".

Al igual que Janina, podrías pensar, pero *¿qué de esa persona que me ofendió?* Sin embargo, Dios quiere que te concentres en lo que Él está haciendo en tu vida y en las bendiciones que Él te está dando a causa de tu corazón de obediencia y disposición a perdonar.

Mira las bendiciones que Él te ha dado. Te ha perdonado. Y ahora que tú también puedes perdonar, eres realmente libre.

PASO #8 *Hacia la sanidad y la plenitud*

Libera a tu ofensor —y libérate a ti misma— a través del perdón.
La libertad viene cuando liberas a la otra persona de tu peso emocional.

DEJA QUE CONTINÚE LA SANIDAD

Este es el momento de practicar los principios presentados en este capítulo:

1. Siéntate en silencio delante de Dios y pídele que te haga consciente de cualquier vestigio de amargura que exista en ti a causa de alguien que te haya herido. Si te viene alguien a la mente, es el Espíritu de Dios que te está diciendo que todavía necesitas perdonar. Pon a esa persona y la ofensa sobre el altar de tu corazón y haz la siguiente oración: "Señor, decido perdonar a _____

   por _____, aunque me

haga sentir _____

_____". Haz esto tantas veces como sea necesario con tantas personas como sea necesario. Dios está escuchando. Y quiere hacerte libre de las cadenas que te tienen rehén de ese dolor.

2. Lee los siguientes pasajes de las Escrituras y escribe cada uno junto a la cita bíblica para que te ayude a recordarlos. Encierra con un círculo aquellos que te comprometas memorizar.

Salmos 103:12

Isaías 1:18

Jeremías 31:34

Miqueas 7:19

Efesios 1:7

Colosenses 3:13

1 Juan 1:9

3. Ahora tómate otros minutos más para agradecer a Dios por perdonarte y porque te ha dado la capacidad de perdonar a otros.

Una oración de libertad

Gracias, Señor Jesús, por la increíble libertad que me das cuando te entrego mis heridas, te rindo mis ofensas y decido perdonar a aquellos que me han ofendido. Señor, gracias porque eres bueno, amoroso y justo. No solo te ocupas de las situaciones que están fuera de mi control, sino que me das paz, seguridad y libertad cuando te rindo las situaciones y las personas que no puedo controlar.

Para complacer tu corazón, y solo por ti, decido vivir en perdón. Te alabo como hizo tu pueblo hace mucho tiempo cuando dijo:

¿Qué Dios como tú, que perdona la maldad, y olvida el pecado del remanente de su heredad? No retuvo para siempre su enojo, porque se deleita en misericordia. Él volverá a tener misericordia de nosotros; sepultará nuestras iniquidades, y echará en lo profundo del mar todos nuestros pecados. Cumplirás la verdad a Jacob, y a Abraham la misericordia, que juraste a nuestros padres desde tiempos antiguos (Mi. 7:18-20).

9

Puedo volver a tener gozo
Alegra tu alma a través de la alabanza

C yndi ha sufrido pérdidas toda su vida.

Ha sufrido la pérdida de su salud, la pérdida de su identidad por un traslado laboral de su esposo a otra ciudad, la pérdida de su capacidad de tener hijos y la pérdida de seres queridos en accidentes y tragedias.

"Pérdidas constantes… y las pérdidas siempre continúan", dijo Cyndi.

Pero no es una persona amargada. No es temerosa o vacilante en la vida. No es una mujer que deja entrever las cicatrices causadas por tanto dolor. Por el contrario, es una mujer alegre y optimista que constantemente alienta a otros; porque aprendió, después de tanto sufrir, a alabar a Dios en medio del dolor.

Pero Cyndi no fue siempre así. Durante los primeros veinte años de su vida lo único que hizo fue sobrevivir.

"Yo era la menor de trece nietos, cuyas edades iban de los cinco a los dieciocho años. Vi a muchos miembros de mi familia enfermarse y morir —dijo ella—. Siempre me tocó presenciar sufrimientos, enfermedades, separaciones y tragedias".

Cuando Cyndi tenía doce años, perdió a sus dos abuelas a causa de una prolongada enfermedad en un lapso de diez semanas. "Desde que tengo uso de razón, siempre habían estado enfermas y en estado crítico".

Más tarde, cuando ya era una joven, su abuelo, con quien tenía una relación muy cercana, se cayó de un tractor y este le atropelló quebrándole el cuello. Quedó irreconocible y lo transportaron por helicóptero hasta un hospital mientras Cyndi observaba la dramática escena.

"La trágica pérdida del hermano menor de mi papá, la horrible muerte de su padre y después el diagnóstico de una insuficiencia cardíaca y posterior cáncer de próstata de mi padre parecían demasiada carga de sobrellevar para un hombre y una familia. El mismo año que mi tío falleció en un trágico accidente marítimo, perdí tres compañeras de la escuela secundaria, dos en accidentes automovilísticos y una por ahogamiento justo antes de la graduación".

"Pasaron demasiadas cosas en nuestra vida, pero seguimos adelante. Yo era la que siempre cantaba en los funerales. Aprendí a contenerme y cantar".

No fue hasta que Cyndi estuvo en la cama de un hospital años más tarde cuando, finalmente, decidió *vivir*, no solo sobrevivir en medio de las pérdidas de la vida. Cuando se enfrentó cara a cara con la posibilidad de morir a causa de un trastorno alimenticio, Cyndi eligió la *vida*; la vida que Cristo vino a darnos. Jesús dijo en Juan 10:10: "El propósito del ladrón es robar y matar y destruir; mi propósito es darles una vida plena y abundante" (NTV).

Los ladrones que querían destruir a Cyndi eran la muerte, el sufrimiento, el temor, la adicción y el deseo de controlar sus circunstancias. Pero Aquel que vino a darle vida, la convenció de que, si le entregaba el trono de su vida, tendría gozo.

En vez de tan solo "sobrevivir", Cyndi quería tener ese gozo.

Y así fue cuando conoció a este Dios, que había permitido el sufrimiento en su vida, y descubrió que realmente es un Dios bueno y amoroso, y que podía ser la fuente de su gozo.

Cuando Cyndi se rindió a Dios y empezó a darle el primer lugar en su vida, no dejó de sentir dolor, pero su actitud hacia el dolor cambió.

Después de aprender conceptos útiles para su vida en terapias de consejería cristiana y, finalmente, aceptar la gracia y el poder de Dios para recuperarse de un trastorno alimenticio, pudo graduarse, enseñar música y casarse con su esposo Keith. Desde entonces, dijo que había experimentado "mucha angustia frente a una lesión de Keith, nuestro futuro, el estrés de la práctica profesional, las largas horas de quehaceres domésticos, la pérdida de un sueño con unos terrenos que teníamos, las presiones financieras, mi enfermedad de meningitis, dos huracanes de los que nos tuvimos que recuperar y todas las incógnitas de la vida durante casi ocho años".

"Este tipo de pérdidas me formaron y me dieron otra perspectiva sobre cómo Dios obra y por qué —dijo Cyndi—. No cuestiono a Dios cuando me pasan este tipo de cosas".

En vez de cuestionar a Dios, lo alaba en medio de su dolor. "Cada prueba es un ejercicio de fortaleza y preparación para el próximo paso en mi vida. Son como bloques que construyen la fe donde puedo apoyarme y encontrar descanso".

"La fidelidad de Dios en mis tiempos de adversidad me convirtieron en una verdadera adoradora más que en cualquier tiempo de calma de mi vida", dijo ella.

Canta en medio de la prueba

Una manera en que Cyndi alaba a su Padre celestial es escribiendo; ya sean poemas, canciones o conceptos de la vida que Dios le revela.

"En todo lo que me ha pasado, pequeño o grande, he podido decir: 'Dios va a usar esto. Voy a poder consolar a alguien que lo necesita. Voy a poder identificarme con otros en su dolor'. Todas estas cosas han producido en mí la capacidad de expresar lo que siento".

Y lo hace a través de sus poesías: una ofrenda de alabanza a su Creador y Señor, a pesar de todo lo que la vida le ha deparado. Recientemente, ella y su esposo se mudaron a otra ciudad y Cyndi estuvo repitiendo una y otra vez que el gozo del Señor era su fortaleza. Repitió esta verdad de Nehemías 8:10 (NVI) día a día mientras se adaptaba a su nuevo entorno y a la pérdida de la cercanía a sus amistades, su familia y todo lo conocido.

"Mientras repetía este versículo una y otra vez, quería profundizar más sobre su significado. Necesitaba tener algunas descripciones y crear una imagen mental que pudiera visualizar y a la que pudiera aferrarme fuertemente. Le pedí a Dios que me mostrara qué significaba realmente que Él era mi fortaleza". Ella explica que Él puso estas palabras en su corazón:

El gozo —el gozo de Dios— ¿Cómo es?

¿Cómo expresa Dios su gozo?

Él me canta,

Se deleita en mí,

Se ríe y me sonríe,

Se inclina a escucharme y a susurrar su amor a mi oído.

¡Me muestra su corazón y me recuerda que soy suya!

Me extiende su mano y me invita a cenar con Él.

Me cubre y me carga en sus brazos.

Espera pacientemente que le llame Señor.

Envía lluvias de gracia y misericor-

dia sobre mi diario caminar.

Se regocija con mi obediencia y mi confianza en Él.

¡Este gozo es inmenso, profundo e inagotable!

Es perpetuo, eterno e inquebrantable.

¡Está en movimiento, y siempre activo!

Es su gozo; sin embargo, es mío,

Porque Él es mío y yo soy suya,

¡Y ESTA es mi fortaleza![1]

Cyndi recita este poema —y otros que ha escrito— a amigas que necesitan otra perspectiva, a personas que cuidan a ancianos, a personas al borde de la muerte y a muchos otros que necesitan palabras de aliento para confiar en la fortaleza de Dios, especialmente cuando se quedan sin gozo.

La capacidad de Cyndi de alabar a Dios en su dolor no es única. Una mujer que puede superar las heridas de la vida es una mujer que puede ver la bondad de Dios en su adversidad. Cyndi toma lo que Dios ha permitido en su vida y lo usa para la gloria de Dios. Para ella, dar a conocer sus poemas y los conceptos que ha aprendido a otros, o solo escribirlos, es un acto de obediencia y alabanza, que le recuerda la necesidad de ver cada obstáculo de su vida como una oportunidad

1. *The Joy of the Lord Is My Strength* por Cyndi Evans, © 2009. Usado con permiso.

de crecer espiritualmente. Procurar la obediencia produjo alabanza. Y con la alabanza ella —y otros— encontraron gozo.

Más ejemplos de gozo en medio del dolor

Escucha las palabras de otras mujeres que estaban heridas y que, no obstante, encontraron una razón para gozarse.

Una mujer que descubrió que era única

Cuando Susana era una niña, su padre le dijo que nunca llegaría a nada.

"Crecí en un hogar cristiano con un padre muy estricto y una madre que era hija de un alcohólico. Ella fue y es una santa y sobrellevó lo que yo observaba como un matrimonio muy tenso. Mi papá amaba a mi mamá, pero no la trataba con mucho respeto. Y, sin embargo, cuando era adolescente, él me dijo que yo nunca sería una mujer como mi mamá. Eso sí que fue muy doloroso. No sé qué hice para merecer eso. Era una estudiante sobresaliente, una hija (mayormente) sumisa, la primera de cinco hijos (todos los demás eran varones), que ayudaba en las tareas del hogar y participaba en las actividades de la iglesia con un corazón dispuesto. De modo que puedes imaginarte qué triste me hizo sentir. Mi papá pensaba que nunca llegaría a ser una mujer como mi mamá".

"Me llevó un tiempo superar la necesidad urgente de demostrarle que estaba equivocado. Me llevó mucho tiempo darme cuenta de que no podría ser 'una mujer como mi mamá', porque yo era una creación única de Dios. Y sería la mujer que Dios había diseñado que fuera, la mujer que estaba destinada a ser, una hija del Rey de reyes amada y única. Descubrir eso, desde luego, fue muy liberador".

"Adoro a mi madre. Ella es una mujer de Dios increíble, ¡pero somos muy distintas! Ella nunca tuvo la oportunidad de ir a la universidad. Yo me gradué y entré al mercado laboral, mientras ella siempre fue un ama de casa. Yo sigo trabajando fuera del hogar y considero el ámbito empresarial como mi campo misionero. Ella es un ama de casa consagrada: sabe cocinar, limpiar, coser, agasajar invitados. Yo no soy buena para esas cosas, pero tengo otros talentos. Ese comentario muy hiriente de mi padre fue desolador, pero me incitó a ser la persona que *Dios* quería que fuera sin convertirme en la víctima de una relación difícil".

Hoy día Susana es líder de un ministerio para mujeres y se goza en servir a Dios y a otros. Tiene una bella voz, un hermoso espíritu y es una mujer en quien brilla el gozo del Señor.

Una mujer que experimentó la paz y la provisión de Dios

Durante toda su vida, Denise creyó que era una decepción para Dios y para ella misma por las decisiones que había tomado. "Tomé decisiones en mi vida basadas en el temor a ser una molestia para otros", dijo ella.

A los veintidós años, abortó. El padre del bebé era su novio, con quien se casó catorce meses después. Aunque inmediatamente se arrepintió de la decisión de terminar con su embarazo, por más de veinte años nunca se lo explicó a nadie (excepto al padre del bebé). De modo que no podía contar con ninguna persona que le ayudara a atravesar su dolor. A los veintiséis años formó una familia y, tras dar a luz a un hijo y una hija sanos, se sorprendió al quedar embarazada otra vez a los treinta años. Su hija nació prematura y con un delicado estado de salud. A los tres años le practicaron un exitoso trasplante de médula, pero siguió teniendo problemas de salud hasta que falleció a los nueve años y medio. Después, su hijo de trece años de edad empezó a luchar contra una profunda depresión y pensamientos suicidas.

Finalmente, cuando la vida empezaba a tranquilizarse, el esposo de Denise la abandonó después de veintidós años de matrimonio. Hacía varios meses que estaba viviendo una aventura amorosa en secreto, y la dejó justo cuando ella estaba empezando a tratar con las heridas causadas por el aborto que se había hecho veintitrés años atrás.

Hoy día, a los cincuenta años, Denise dice: "Dios me ha dado mucha paz en medio del dolor de perder a mi hija. Y Dios me ha ayudado a superar el temor y el dolor del divorcio. Me dio una familia de la fe que me ama, una profesión como medio de vida y un conocimiento profundo y certero de que no soy una molestia para Él".

Una mujer que celebró una vida nueva

A los treinta y cinco años, Misty ya no lucha con lo que una vez creyó que eran las heridas visibles de una antigua vida. Para Misty, bailar en la industria del entretenimiento para adultos empezó como un medio de supervivencia. Su novio acababa de cortar su relación con ella y se fue de casa. Misty tenía tres días para conseguir dinero para pagar la renta, además de mantener a una niña pequeña. Estaba asustada, desesperada y herida, y se sentía sola para enfrentar la vida.

"No era ajena al dolor de un corazón roto y las malas relaciones —dijo Misty—. Para ese entonces ya me habían mentido, me habían engañado y me habían mostrado una y otra vez que no era una mujer suficientemente buena o valiosa para que los hombres no me dejaran. Bailar parecía ser una excelente manera de hacer dinero para sostenerme económicamente, y también me permitía estar en casa durante el día para criar a mi hija. Quería demostrar que no necesitaba que nadie me mantuviera, ¡especialmente al hombre que me había dejado!". Con el baile, Misty pudo pagar la renta en un par de noches y empezó a decirse a sí misma que era fuerte e independiente para hacer eso.

"Al principio, gastaba el dinero en todo lo que quería, porque sabía que podía recuperarlo por la noche. Había logrado un bienestar económico como nunca antes, y pensé que verdaderamente había encontrado la libertad en la vida. Sin embargo, esa libertad me costó *muy* cara".

El deseo de Misty de ser independiente y poder pagar las cuentas, en cambio, la condujo a una profunda esclavitud, depresión y consumo de drogas.

"Aprendí muy pronto las reglas del juego y me inventé una identidad totalmente nueva. Pensé que podía vivir dos estilos de vida totalmente distintos: un ama de casa responsable y tierna [para sus dos hijos en ese entonces] y la otra, una muchacha libertina, divertida y desprejuiciada. Me perdí en esa mezcla y finalmente me ganó la adicción. No solo adicción a los analgésicos para insensibilizarme y poder pasar la noche, sino también adicción a los elogios, la adulación, el dinero, el estilo de vida, los regalos, los viajes y las fiestas. Con el tiempo, perdí noción de la realidad. Empecé a consumir drogas, que juré que nunca probaría. Empecé a mentirle a todo el mundo y a negar que tuviera algún tipo de problema. Terminé viviendo en un ciclo vicioso que duró diez años. Era un horrible ciclo repetitivo y no sabía cómo detenerlo".

A través de una serie de sucesos devastadores, finalmente Misty clamó a Dios. Entonces le confió a una amiga que necesitaba ayuda, y dos días después se fue a vivir a un refugio. Una familia cristiana le había abierto su hogar y le había ofrecido llevarla a la iglesia. Allí escuchó al pastor hablar de la Biblia y leyó los versículos en una pantalla al frente de la iglesia. Y así la Palabra de Dios empezó a penetrar en su corazón.

"Mientras leía esos versículos y escuchaba lo que el pastor decía, sentí como si hubieran escrito cada palabra solo para mí. Hablaban a mi alma desecha y sin vida. Supe que quería y necesitaba más palabras, promesas y verdades que llenaran cada grieta de mi corazón roto. Con cada palabra que leía, mi alma empezaba a llenarse otra vez de vida y esperanza".

"Empecé a conocer quién era Jesús más que solo leer de Él. La familia con la que vivía era un maravilloso reflejo de Cristo y, al ver eso, me sentí atraída a esa vida. Quería ese gozo, esa paz y esa estabilidad para mi propia vida y la vida de mis hijos. Me arrepentí de muchas cosas y fue doloroso pensar en toda la destrucción que había causado a tantas vidas. Lloré y le dije a Dios que quería hacer las cosas bien. Le pedí perdón. Empecé a examinar mi vida y las decisiones que me habían llevado a ese horrible estado. Me hice cargo y admití que era responsable de todo. Enfrenté cosas de mi vida que no había querido enfrentar durante años. Aunque no era agradable, finalmente enfrenté la verdad y dejé de huir".

"Comencé a reemplazar las mentiras que había creído sobre mí misma por la verdad. Había estado buscando amor y aceptación toda mi vida, pero siempre me eludían. Probé todo lo que pertenecía a mi mundo para llenar ese vacío y nunca pude saber por qué nada me había funcionado o me había durado. Ponía expectativas imposibles en los demás y buscaba constantemente a alguien que me 'rescatara'".

"¡Estoy feliz de decir que fui *rescatada*! Fui rescatada de mi desdicha y liberada de todas las mentiras. Al final descubrí que la respuesta no son los analgésicos, el dinero, la atención o lo que cualquiera ofrece; ¡es Jesucristo! Él me salvó. El vacío que una vez me controlaba y me llevó por el camino de la destrucción, ¡ahora ese vacío está lleno del *verdadero* amor de Dios!".

"Ahora que he puesto mi fe en Dios y le he entregado toda mi vida,

¡Él está transformando todo! Mis relaciones se están restaurando y puedo ser una buena madre para mis dos hijos. Dios está cambiando mi corazón y mi manera de ver esta vida. Ya no quiero perseguir cosas que no me satisfacen. Ahora deseo cosas más sanas y positivas. Ahora vivo una vida llena de significado y propósito. Mi dolor se ha convertido en pasión para ayudar a otros".

Hoy Misty está poniendo ese propósito y esa pasión en acción y está ministrando a otras mujeres que quieren escapar de la esclavitud de la industria del sexo. (Verás más sobre cómo su vida se ha convertido en una bendición para otros en el capítulo siguiente).

Ella también pudo encontrar un cántico en todo lo que sufrió: "Estoy muy agradecida porque al final encontré a Dios después de treinta y cuatro años de destruir mi propia vida. Hoy veo cómo Dios embellece mi vida, confío en Él y tengo una paz como nunca antes".

Susana, Denise y Misty son tres mujeres diferentes, con heridas diferentes, de tres etapas de la vida diferentes. Sin embargo, todas pueden ver que, en su dolor, Dios estaba originando algo digno de alabanza.

Sé una mujer que alaba

¿Cómo puedes ser *tú* una mujer que alaba y no solo una mujer herida? ¿Cómo puedes alabar a Dios de una manera práctica en medio del dolor y ver su gozo inundar tu vida?

Considera el carácter de Dios

La capacidad de Cyndi de superar las pérdidas y los golpes de la vida es el resultado directo de su profundo conocimiento del carácter de Dios.

"La mayoría de nosotras no conocemos realmente a Dios, por eso nos preocupamos y no le confiamos las riendas de nuestra vida —dijo Cyndi—. ¿Es esta la condición de tu vida por creer una mentira o no conocer bien a tu Salvador?".

"Asistimos a estudios bíblicos y estudiamos, estudiamos y estudiamos; pero no tenemos un conocimiento profundo y una certeza firme de quién es Dios". Cyndi dijo que estudió los nombres de Dios para entender su carácter y su amor. Ahora, cuando lee las Escrituras, "¡el poder de quién es Dios y la autoridad de su grandioso nombre saltan de las páginas y cobran vida! Aprendí que si empiezo así y conozco más a Aquel en quién tengo puesta mi fe, entonces puedo avanzar".[2]

Considérate muy dichosa

En Santiago 1:2-4 encontramos la siguiente exhortación: "Hermanos míos, considérense muy dichosos cuando tengan que enfrentarse con diversas pruebas, pues ya saben que la prueba de su fe produce constancia. Y la constancia debe llevar a feliz término la obra, para que sean perfectos e íntegros, sin que les falte nada".[3] Cuando tenemos nuestros ojos puestos en el premio —ser "perfectos e íntegros, sin que les falte nada"—, podemos considerarnos muy dichosas en nuestros momentos difíciles. Eso no significa mostrar una sonrisa artificial y apretar los dientes. Sino atravesar la prueba con una profunda paz y certeza interior de que Dios nos está purificando y transformando en las mujeres que Él quiere que seamos.

Hace algunos años, cuando Cyndi estaba en el hospital con meningitis, ella recuerda que "estaba en los brazos de Dios con un dolor intenso e insoportable; sin embargo, sabía que no estaba sola. Él me usó en mi dolor. Me amó mientras lloraba. Me enseñó mientras esperaba. Nunca se fue de mi lado. Mis noches a menudo eran largas y los días parecían aún más largos. Aunque pocos manifestaban comprender, no parecía molestarme. Era mi tiempo para escuchar y conocer a Dios, de ser atraída y moldeada en mi interior".

Saber que Dios nos "atrae" y nos "moldea" en nuestro interior es lo que nos proporciona gozo.

Recientemente pasé por una época difícil. Sentía ataques espirituales en cada área de mi vida. Por un instante, me pregunté si Dios me había abandonado. (En realidad no, pero ya sabes, esa voz que

---

2. Una buena manera de empezar a estudiar los nombres y el carácter de Dios es con mi libro *When God Pursues a Woman's Heart* (Eugene, OR: Harvest House Publishers, 2003). Este libro lo encontrarás en www.StrengthForTheSoul.com (solo disponible en inglés).

3. NVI.

te susurra: "¿Dónde está tu Dios en momentos como este?". Bueno, estaba escuchando esa voz).

Después, un domingo por la mañana, mi esposo predicó sobre la instrucción de Pedro de estar firmes en nuestra fe (de 1 P. 5:8-10) y nos recordó que antes Jesús le había dicho personalmente a Pedro: "Simón, Simón, he aquí Satanás os ha pedido para zarandearos como a trigo; pero yo he rogado por ti, que tu fe no falte" (Lc. 22:31-32). Eso me hizo recordar que Satanás tuvo que recibir permiso de Jesús para zarandear a Pedro, y Jesús se lo concedió porque Él le iba a dar la fortaleza que necesitaba para pasar la prueba. Fue de aliento para mí ver que cada vez que experimentamos un ataque espiritual es porque el Señor lo ha permitido, con la intención de darnos la fortaleza que necesitamos para resistirlo. (Hay un relato paralelo en el Antiguo Testamento, en el libro de Job, donde leemos que Satanás pidió permiso para zarandear y probar a Job. Nuestro Dios de misericordia y amor lo permitió porque Él sabía que Job, su siervo fiel, pasaría la prueba). Mi perspectiva cambió por completo aquella mañana. Me di cuenta de que, si Dios estaba permitiendo este "zarandeo" en mi vida, era porque debía saber que su hija podía soportarlo (con su ayuda, por supuesto).

Considéralo como pérdida

Podemos alabar a Dios en medio de una pérdida en nuestra vida si no estamos aferradas demasiado a nuestras posesiones o a aquellas cosas que sentimos que tenemos derecho a retener.

Cyndi conoce esa mentalidad debido a las pérdidas que ha sufrido, especialmente las últimas pérdidas materiales. Cuando vivió en Texas, soportó dos huracanes, que le han enseñado a desapegarse de las cosas y concentrarse en lo que realmente importa.

"Cuando el huracán Rita azotó Texas (inmediatamente después que el huracán Katrina castigó Luisiana), cargamos nuestros gatos y todo lo que cabía en nuestro auto y nos fuimos. Fue un sentimiento muy inexplicable pensar que quizás no volvería a ver a nadie ni nada", dijo ella.

"Fue un sentimiento de mucha soledad también, estar sentada en la casa de otra persona y ver la cobertura televisiva de la destrucción de mi ciudad. Pensaba: *¿Habrá resistido mi casa? ¿Habrá quedado algo de lo que tengo?*".

Cuando el huracán Ike impactó unos años más tarde, Cyndi y su esposo se quedaron en la ciudad para ministrar a las personas de su comunidad. Para entonces se habían dado cuenta de que sus pertenencias se dañarían o se perderían, y que atender a las personas era más importante. Las experiencias de esos dos huracanes le enseñaron a Cyndi lo que realmente importa en la vida.

"Ahora tengo la mentalidad de huracán —dijo ella—. Aprendí a irme y abandonar todo. Ahora le digo a las personas: 'Necesitan una mentalidad de huracán: estar dispuestos a desprenderse de todo'".

En Filipenses 3:8, el apóstol Pablo dijo que todo lo que había conseguido en la vida —todos sus títulos, honores, logros y prestigio— no significaba nada comparado a conocer a Cristo. De hecho, dijo: "Estimo todas las cosas como pérdida por la excelencia del conocimiento de Cristo Jesús, mi Señor, por amor del cual lo he perdido todo, y lo tengo por basura, para ganar a Cristo".

Si consideras como pérdida todo lo que tienes —tu salud, tu casa, tus posesiones, tu trabajo, tus títulos y tus logros— comparado a lo que tienes en tu relación con Cristo, podrás alabar a Dios en medio de las pérdidas y recordar lo que dice 1 Pedro 5:10: "Mas el Dios de toda gracia, que nos llamó a su gloria eterna en Jesucristo, después que hayáis padecido un poco de tiempo, él mismo os perfeccione, afirme, fortalezca y establezca".

Cultiva la confianza en tu corazón

Cuando confiamos que Dios suple nuestras necesidades, no hay lugar para la lástima o la preocupación, solo para la alabanza. Jesús nos habló de esto cuando dijo: "No os afanéis por vuestra vida, qué habéis de comer o qué habéis de beber; ni por vuestro cuerpo, qué habéis de vestir. ¿No es la vida más que el alimento, y el cuerpo más que el vestido?" (Mt. 6:25-26). En Filipenses 4:6-7 se nos da la misma instrucción: "Por nada estéis afanosos, sino sean conocidas vuestras peticiones delante de Dios en toda oración y ruego, con acción de gracias. Y la paz de Dios, que sobrepasa todo entendimiento, guardará vuestros corazones y vuestros pensamientos en Cristo Jesús".

Cyndi declara estos versículos sobre su vida y muchas veces ha descansado en ellos. Ella dice: "Me encanta cuando, en los Salmos, David declara que Dios lo sacó del pozo de la desesperación y puso sus pies sobre peña [Sal. 40:2] y que sustenta su suerte [Sal. 16:5] o que lo sacó a lugar espacioso [Sal. 18:19]. Yo he estado en ese pozo muchas veces y ¡Dios me ha sacado en victoria!".

Cyndi dijo que el versículo de las Escrituras que fue como una medicina preventiva para ella es Salmos 37:4: "Deléitate en el Señor, y él te concederá los deseos de tu corazón".[4]

"Un corazón de gratitud, a pesar del momento, es como un escudo protector alrededor de ese pozo —dijo ella—. Eso me dice que debo empezar a hacerme el hábito, el buen hábito, que produzca una buena actitud y luego un cambio de corazón hacia todo lo que sucede a mi alrededor".

"Muchas, muchas veces corrí a un lugar tranquilo —una habitación pequeña, el baño o mi auto— y, con lágrimas en los ojos, dije solo estas palabras: 'Decido confiar en ti, Dios'. Era todo lo que podía decir y todo lo que necesitaba decir. Él escuchó la declaración de confianza de mi corazón y vio que me había presentado vacía delante de Él, con solo lo que Él necesitaba escucharme decir para poder mover las montañas y allanar los valles de mi vida. Esas palabras fueron un hábito antes de ser una actitud o una creencia profundamente enraizada, ¡pero estaba plantando una semilla en mi corazón que quería ver crecer desesperadamente! Sabía que la alternativa me hundiría en la desesperación y otra vez en ese pozo, y también sabía que Satanás quería que me doblegara delante de él, de modo que esas palabras fueron mi grito de guerra. Y mi victorioso Salvador vino cada vez que lo llamé".

Deja que fluya tu alabanza

Si alguna vez te has preguntado sobre la voluntad de Dios para tu vida, es alabarlo en tu dolor. En 1 Tesalonicenses 5:18 leemos: "Dad gracias en todo, porque esta es la voluntad de Dios para con vosotros en Cristo Jesús".

¿Entiendes a qué me refiero? Dar gracias *en todo*. En la enfermedad. Cuando te rompen el corazón. En el dolor físico. En los tiempos de pérdida. En *todas las cosas*, canta. Y cuando alabas a Dios en tu dolor, cantas a Él en tus luchas y lo exaltas cuando estás decaída, no solo estás haciendo lo que deleita a Dios, sino que Él se deleita en *ti*.

Da gracias en todo, amiga mía. Y el gozo fluirá en tu vida y salpicará a otros.

---

4. NVI.

PASO #9 *Hacía la sanidad y la plenitud*
Alaba a Dios en tu dolor y alegra así tu alma.
*Dar gracias a Dios en todo es la manera principal
de hacer la voluntad de Dios en tu vida.*

DEJA QUE CONTINÚE LA SANIDAD

Pongamos en práctica los pasos de este capítulo para ser mujeres de alabanza:

1. *Considera el carácter de Dios.* Lee Salmos 18:30-36 y escribe una respuesta llena de alabanza a Dios:

2. *Considérate muy dichosa.* Lee Santiago 1:2-4 y enumera todas las situaciones de tu vida en las que Dios te está llamando a "considerarte dichosa" en este momento, porque Él está moldeando tu carácter a través de eso.

3. *Considéralo como pérdida.* Pablo dijo en Filipenses 3:7-8 que todo lo que había conseguido en esta vida era como basura comparado al valor de conocer a Cristo. ¿Cómo puedes adoptar una "mentalidad de huracán" con respecto a tus posesiones, tus títulos e incluso tus logros como una forma de decir "Tú, Señor, vales mucho más que todo esto"?

4. *Cultiva la confianza en tu corazón.* Lee Filipenses 4:6-7. ¿En qué área de tu vida necesitas practicar esta instrucción?

Una oración de alabanza por la sanidad de Dios

¿Por dónde empiezo, oh Dios, a agradecerte por tu bondad? Sí, mi corazón está herido por tanto sufrir. Sin embargo, siempre me has consolado. Sí, todavía lloro cuando pienso en las penas del pasado o las personas que amé y ya no están en mi vida; pero tú, Señor, nunca me has dejado sola. Sí, pasé noches de dolor, que parecían interminables. Pero tú has prometido que el gozo llegaría a la mañana (Sal. 30:5).

Señor, te alabo por todo lo que has permitido en mi vida para hacerme más semejante a ti. Y porque tú has dicho que "el obedecer es mejor que los sacrificios" (1 S. 15:22), te ofreceré el sacrificio de alabanza de un corazón obediente.

Dame fortaleza y una canción para que, en todo, pueda cantar y agradar tu corazón y testificar a otros del maravilloso Dios que tú eres. Y pon tu gozo en mi alma mientras te alabo en medio de mi dolor.

10

Puedo ser de bendición

Invierte en la vida de otros

Tonia Tewell yacía en la cama de un hospital, consciente de que se estaba muriendo.

Tenía treinta y seis años, pero sentía el peso de una vida malgastada.

Recuerda decirle a Dios: "Por favor, no me lleves ahora. No hice *nada* para ti. Si me das una semana, un mes, un año, te serviré con denuedo".

Después entraron los médicos y le dieron la noticia desoladora: tenía cáncer terminal; linfoma de cuello, pecho, zona inguinal y tracto intestinal. Cáncer en estadio cuatro. Era casi el final.

Empezó de inmediato con la quimioterapia. Pero, en vez de estar determinada a vivir, estaba determinada a servir a otros antes de morir.

"Mis amigos estaban llorando, mi esposo estaba desolado, pero yo estaba en completa paz —recordó Tonia—. Sabía que no podía irme así, porque no había hecho nada para el Señor. Sabía que no era un prerrequisito para ganarme su amor o su salvación, pero no había hecho *nada* para Él porque tenía miedo de fallar".

Tonia vivía con miedo desde que era niña. Su miedo al fracaso provenía de un temor subyacente de disgustar a sus dos padres alcohólicos. Tenía miedo de que su madre —una alcohólica violenta que tenía un arma y a menudo se emborrachaba por las noches— los matara a sus hermanos y a ella mientras dormían. Tenía miedo de que durante una de las muchas fiestas que sus padres hacían, los depredadores que asistían les hicieran daño a sus hermanos o a ella.

Cuando Tonia estaba en séptimo grado, apareció el temor del

futuro al enterarse de que sus padres la habían abandonado junto a sus hermanitos menores.

"Nos llamaron a la oficina del director. Nunca lo habíamos visto antes. Nos dijo: 'Los tres han sido entregados al Estado; sin embargo, no dejaré que eso suceda. Les llevaré a *todos* a mi casa si es necesario, pero les buscaré un hogar'".

El director y su esposa llevaron a Tonia a su casa y, a esa edad, supo que para poder tener una vida normal tenía que quedarse allí.

"Era una familia maravillosa —dijo ella—. Eran tan normales y estables que me preocupaba. Estaba siempre esperando que pasara algo malo, que me rechazaran y me tuviera que ir. Quería que todo se terminara de una vez. Pero nunca me dejaron. Fueron mi gracia salvadora. Todavía lo son".

Tonia se inscribió en la universidad y poco después empezó a buscar cualquier cosa que le trajera gratificación: bebida, hombres, drogas, y hasta convertirse en porrista de la Universidad de Nebraska.

"Me desperté una mañana después de casi una sobredosis y me sentí morir. Me di cuenta de que necesitaba cambiar mi forma de vida", dijo ella. Intentó hacerlo por sus propios medios y empezó a concentrarse en sus estudios y a abandonar las fiestas y los hombres. Casi un año después conoció al que sería su esposo. Aunque era un hombre excelente, ella dice que su matrimonio fue terrible. A los treinta años, Tonia aceptó a Cristo como su Salvador personal, pero su matrimonio empeoró después que ella se convirtió. "Mi esposo tuvo una crisis nerviosa y trató de demostrarme que estaba en una secta", dijo ella. Sin embargo, tres años después, él también aceptó a Cristo como su Salvador personal.

Enfrentó sus temores

Poco después que su esposo aceptó a Cristo, Dios empezó a preparar a Tonia y a su marido para lo que les esperaba por delante; para empezar, el diagnóstico de cáncer en estadio cuatro de ella. Fue entonces cuando Tonia le dijo a Dios que haría a un lado sus temores al fracaso para servirle el poco tiempo que le quedara.

"Empecé a servir a las personas en esa condición, y se quedaban casi perplejas —dijo Tonia—. Cuando estaba en la fila para la quimioterapia, mi esposo y yo consolábamos a las personas, orábamos por ellas, les hablábamos de nuestra fe. Yo contaba con la compañía de mis amigas cristianas y mi familia. En cambio, la mayoría de esas personas peleaban por sus vidas sin nadie a su lado".

Le habían dicho a Tonia que su esperanza de vida dependía de cuándo regresara el cáncer, que según los médicos sería en tres a cinco años aproximadamente. Regresó con agresividad al año siguiente.

"Sabía que tendría que someterme a quimioterapia y drogas durante el resto de mi vida —dijo Tonia—. Sabía que las drogas me matarían antes que el cáncer. Así que abandoné la comunidad médica para disfrutar los días que me quedaban". Tonia siguió una dieta estricta de frutas y vegetales crudos y semillas, y continuó sirviendo a Dios tanto como se lo permitía su delicada condición. Antes de dos meses terminó en una sala de emergencias.

"Pensé: *Soy una imbécil,* [por haber rechazado la ayuda médica]. *El cáncer se propagó por todo el cuerpo. Me voy a morir pronto*".

Cuando terminaron de hacerle los estudios médicos a Tonia, su dolor se había ido y le dijeron que el cáncer también.

Eso fue hace cuatro años. Según los médicos de Tonia, ella tendría que haber muerto hace dos años.

Al darse cuenta de que tenía un nuevo contrato de vida, Tonia inició un proceso para tratar de determinar qué quería Dios que hiciera con el tiempo que le había dado.

"Me pidieron que formara parte del ministerio para mujeres. Pensé: *Debe ser esto.* Después alguien me pidió que diera conferencias. Lo hice un par de veces y pensé: *Tal vez sea esto.* Luego alguien vino a nuestra iglesia y nos hizo tomar conciencia del brote de poligamia en nuestra comunidad [Tonia vive en un suburbio de Salt Lake City, Utah]. Esta persona preguntó si alguien tenía un refugio para mujeres, niños y hombres que están saliendo de la poligamia".

La familia de Tonia ya había comprado una casa mucho más grande para albergar a los familiares que fueran a ayudarla, con una habitación adicional para una enfermera que viviera allí sus últimos días y con un cuarto para una niñera que se quedara a vivir para cuidar a sus hijos después que ella falleciera. Ahora que el cáncer se había ido, ella y su familia estaban viviendo en una casa con 250 m² adicionales en la planta baja, que ni siquiera estaban usando. Tonia les respondió a las mujeres que buscaban un refugio: "¡Nosotros tenemos uno!".

Poco después, Tonia fue informada de que una madre, una hija y sus cuatro hijos necesitaban un lugar para albergarse. La familia Tewel los recibió en su hogar durante el verano.

"¡Qué verano increíble tuvo nuestra familia! —dijo Tonia—. ¡Qué gran sorpresa! Teníamos reuniones cada noche con esta familia que estaba sufriendo de mucha ansiedad. Estábamos ayudando a refugiados domésticos aterrados. Al final del verano estos refugiados dijeron: 'Nunca hemos sentido tanto amor incondicional'".

"Esta familia nos preguntó si comenzaríamos una organización de ayuda para ellos y para varias familias que conocían y que necesitaban ayuda para escapar del estilo de vida polígamo".

Entonces, las dudas e inseguridades de Tonia volvieron a aparecer.

"Yo fui ama de casa durante diez años. No tenía habilidades para comenzar una organización ni me sentía calificada. Pero nos pusimos a investigar y a buscar información, y era evidente que no había recursos para estas personas; de modo que, con la ayuda de Dios, empezamos *Holding Out HELP* (Ayuda, aliento y amor para los polígamos)".

Desde que *Holding Out HELP* (*HOH*) empezó en 2008, ha prestado ayuda a más de ciento ochenta personas y tiene más de treinta refugios por toda la nación, aunque la mayoría de los adolescentes y familias que huyen de la poligamia prefieren quedarse en Utah, especialmente en Salt Lake City o St. George. La organización está ahora en las primeras etapas de una campaña para recaudar fondos para comprar departamentos y una casa de albergue para atender el rápido incremento de jóvenes y familias que están abandonando el Movimiento Fundamentalista de los Santos de los Últimos Días y están dependiendo de *HOH* para suplir sus necesidades inmediatas.[1]

Al ayudar a otros a encontrar libertad de la opresión de su estilo de vida, Tonia también encontró libertad de la esclavitud del temor que la tuvo cautiva durante años.

"En definitiva, solo Jesús puede hacernos libres —dijo Tonia—. Y yo lo sé. Cuando me di cuenta de lo que Él había hecho por mí en la cruz —*por mí*, a pesar de *todo mi pasado*—, no pude hacer otra cosa

---

1. Para mayor información sobre Holding Out HELP, ver el sitio web de la organización en www.holdingouthelp.org o llamar al 801-548-3492; o escribir a 12300 S. 138 E. Ste. C #193, Draper, UT 84020.

que entregarle mi vida. Hoy, cuando enfrento una situación difícil que no puedo manejar, la pongo a los pies de Jesús porque sé que Él puede hacerlo. Es un proceso de rendición total. No sufro tanto por mi infancia, sino por mis sentimientos de incapacidad".

"Cuando empecé *Holding Out HELP*, me sentía completamente abrumada y comencé a tener ataques de ansiedad otra vez. No los había tenido en años. Me di cuenta de que estaba tratando de tener el control de las cosas y que necesitaba rendir eso a Dios, orar más y leer más la Palabra. Cada vez que esta organización hacía una petición en oración, veía una respuesta de uno u otro tipo en las veinticuatro a cuarenta y ocho horas siguientes".

Tonia —la niña una vez temerosa, maltratada y finalmente abandonada— ahora ofrece refugio para aquellos que están buscando ser libres de situaciones de temor y abuso. Ha encontrado libertad, sanidad y plenitud al invertir en la vida de otros.

El denominador común

Mientras nos acercamos al final de esta travesía, espero que hayas notado el denominador común en la historia de cada mujer que he relatado en este libro. Por más herida que cada mujer haya estado una vez, cada una encontró su propósito a través de su dolor. Permitieron que su pérdida las motivara a amar a otros. Antes eran mujeres *heridas* y ahora *ayudan* a otras mujeres.

Hoy ya no son mujeres heridas. Son mujeres *guerreras* en el frente de la batalla espiritual por el corazón de otras mujeres para que también puedan encontrar sanidad y plenitud. Efesios 6:12 nos dice: "Porque no tenemos lucha contra sangre y carne, sino contra principados, contra potestades, contra los gobernadores de las tinieblas de este siglo, contra huestes espirituales de maldad en las regiones celestes".

La cantidad de mujeres que sufre por heridas de su niñez, heridas del pasado, aflicciones del presente y restos persistentes del rechazo y el abuso que experimentaron nos indica que la batalla espiritual por sus corazones y sus vidas es más intensa de lo que podemos imaginar. Las mujeres no solo lo están superando; sino que, a menudo, están atrapadas en la batalla al permanecer en ese lugar donde están continuamente derrotadas, perpetuamente heridas y desesperadamente deshechas. Pero cuando Dios nos sana y nos da una vida plena, también *nos* entrena para volver a entrar a la batalla y pelear, en vez de rendirnos, a fin de poder ayudar a rescatar a *otras mujeres* de la masacre.

En el capítulo 1 leíste sobre la batalla de Isabel en su hogar. Estaba herida y desesperada por irse de su casa y encontrar una vida diferente. Hasta que una mujer comprensiva le abrió las puertas de su hogar. Hoy día, Isabel es esa mujer comprensiva, que ofrece consejo y consuelo a infinidad de otras adolescentes que están experimentando algunas de las mismas luchas que ella enfrentó.

En el capítulo 2 conociste a Sandra, que estaba llena de profundas cicatrices de la batalla con un padre que abusó de ella sexual y físicamente. Después le tocó sobrellevar un matrimonio difícil. Y, para colmo, tuvo no uno, sino dos ciclos de cáncer. Toda la vida se sintió inservible y no deseada. Sin embargo, ha resurgido de las cicatrices y hoy celebra la sanidad y la plenitud de otras mujeres y les asegura que su belleza, su importancia y su valor se encuentran en la mirada del Dios de amor.

Christina, cuya historia de cómo Dios la sacó del pozo se encuentra en el capítulo 3 y cuya sabiduría está esparcida a lo largo de este libro, encontró a Cristo en una pequeña escuela bíblica de vacaciones en las afueras del desierto del sur de California. Hoy día dirige un programa de escuela bíblica de vacaciones, que ministra a cientos de niños, incluidos los olvidados y, en apariencia, indeseables que viven como ella vivió una vez. Y hoy, cuando habla, transmite esperanza con el inspirador mensaje de que Dios puede sacar a *cualquier persona* del pozo y darle la victoria en *cualquier* campo de batalla.

Natalia (cap. 5) y Carolina y Juana (cap. 7) también resultaron heridas en su batalla por sobrevivir al dolor emocional de crecer sin un padre amoroso. Hoy son rayos de esperanza en la vida de otras mujeres que se están beneficiando de la sanidad que ellas han experimentado, así como de sus historias personales de redención.

Jill Kelly (cap. 6) padeció el dolor de ver a su hijo batallar contra la enfermedad de Krabbe y ahora lidera *Hunter's Hope*: una organización que alienta y ayuda a otras familias de niños que sufren los efectos de la enfermedad de Krabbe y su consecuente leucodistrofia.

Cyndi, cuya historia de sufrimiento por la cantidad de pérdidas que le tocó enfrentar vimos en el capítulo anterior, alienta a otros con sus escritos que señalan a Dios como el Hacedor, el Sustentador y la Fuente de fortaleza para todas nosotras, no importa lo que hayamos atravesado.

Y Misty, que luchó durante diez años para poder salir de la industria del entretenimiento para adultos, ahora ayuda a rescatar a otras mujeres de la esclavitud que una vez ella misma experimentó. Ha fundado el ministerio *You Are a Jewel*: una organización cristiana y grupo de apoyo para mujeres que actualmente están o han estado trabajando en la industria del entretenimiento para adultos o son víctimas de explotación sexual o trata de personas con fines sexuales.

"Visitamos los clubes de *striptease* de Salt Lake City y les llevamos regalos a las muchachas, junto con el mensaje de que Dios las ama y son valiosas para Él. La mayoría están allí por los golpes de la vida, y las animamos a conocer la verdad sobre sí mismas".[2]

Estas mujeres pudieron superar sus propias heridas y luego entraron en la batalla que otras mujeres, a su alrededor, estaban peleando para ayudarlas a encontrar refugio. Pudieron hacer todo eso cuando descubrieron a quién pertenecían y a quién le debían la vida.

Fortaleza para la batalla

La fortaleza que necesitamos para superar las heridas de la vida y permanecer firmes en la batalla que se está librando a nuestro alrededor se encuentra a través de una relación íntima con Jesucristo.

¿Fortaleza a través de una relación íntima con Jesucristo? Sí. Es otra de las paradojas de las Escrituras. Jesús nos instruyó a permanecer (o morar continuamente) con Él, "porque separados de mí nada podéis hacer" (Jn. 15:5). Leemos también en Efesios 6:10-17, que debemos ponernos toda la armadura de Dios para poder resistir las artimañas del enemigo. Cada recuerdo que vuelve para atormentarte, cada rastro de resentimiento que aparece en tu alma, cada comentario imprudente que despierta una inseguridad que empieza a hundirte en un callejón oscuro podrían ser artimañas del diablo destinadas a atarte a tus heridas una vez más. Por lo tanto, debes "apagar todos los dardos de fuego del maligno"[3] para poder seguir resistiendo firme y peleando valientemente esta batalla que busca destruir tu mente y tu corazón.

Entonces, ¿cómo permaneces en Cristo y te pones toda la armadura

---

2. Para más información sobre este ministerio, para saber de qué manera puedes ayudar o para leer la historia completa de Misty, ver www.youareajewel.org.

3. Efesios 6:16.

de Dios para poder apagar los dardos de fuego del maligno? Las Escrituras mencionan dos maneras de defendernos contra los ataques del enemigo:

1. Lleva cautivo todo pensamiento

Nuestra mente puede ser un intenso campo de batalla, y algunas de nuestras guerras más grandes se pelean allí. Por eso es esencial que aprendamos a controlar y tomar cautivo cada pensamiento que se nos cruce por la mente; cada pensamiento que nos recuerde algo que queremos olvidar o que nos retrotraiga a un lugar al que no queremos regresar. En 2 Corintios 10:4-5, el apóstol Pablo escribió:

> Las armas con que luchamos no son del mundo, sino que tienen el poder divino para derribar fortalezas. Destruimos argumentos y toda altivez que se levanta contra el conocimiento de Dios, y llevamos cautivo todo pensamiento para que se someta a Cristo (NVI).

Puedes hacer esto de una manera práctica si cada vez que tengas un pensamiento que a Dios no le agrade, ores para ser libre de ese pensamiento. Pásalo por el filtro de la mente de Cristo en ti. Filipenses 4:8 explica cómo hacerlo:

> Consideren bien todo lo verdadero, todo lo respetable, todo lo justo, todo lo puro, todo lo amable, todo lo digno de admiración, en fin, todo lo que sea excelente o merezca elogio (NVI).

Si el pensamiento que te acecha o el recuerdo que te viene a la mente no reúne el criterio del versículo anterior, no tiene cabida en tu mente. Es parte de "las cosas viejas [que] pasaron" (2 Co. 5:17).

La segunda manera de defenderte es cuidar cómo te vistes.

2. Revístete de Cristo

Las Escrituras dicen en Efesios 6:10 (NVI) "fortalézcanse con el gran poder del Señor". ¿Cómo hacemos esto? Encontramos la respuesta en los versículos que siguen:

Por lo tanto, pónganse toda la armadura de Dios, para que cuando llegue el día malo puedan resistir hasta el fin con firmeza. Manténganse firmes, ceñidos con el cinturón de la verdad, protegidos por la coraza de justicia, y calzados con la disposición de proclamar el evangelio de la paz. Además de todo esto, tomen el escudo de la fe, con el cual pueden apagar todas las flechas encendidas del maligno. Tomen el casco de la salvación y la espada del Espíritu, que es la palabra de Dios. Oren en el Espíritu en todo momento, con peticiones y ruegos. Manténganse alerta y perseveren en oración por todos los santos (Ef. 6:13-18, NVI).

En ese pasaje tenemos una descripción detallada de cómo vestirnos para vencer al "león rugiente, [que está] buscando a quién devorar" (1 P. 5:8, NVI). Si prestas mucha atención a lo que dice el pasaje, te darás cuenta de que ponerte la armadura de Dios es sinónimo de revestirte del carácter de Jesucristo o, simplemente, *permanecer* en Él. Cada pieza de la armadura hace referencia a un aspecto del carácter de Cristo. De modo que cuando lees que debes mantenerte firme y ajustarte el *cinturón de la verdad* en tu cintura, sabes con certeza que en el centro de tu ser debería estar Jesús, que es la *verdad*, como lo describe Juan 14:6. Ponerte la *coraza de justicia* significa cubrir tu corazón o revestirte de Cristo, que es "Jehová, justicia nuestra" según Jeremías 23:6. Ponerte el *casco de la salvación* es proteger tu cabeza o tu mente con Cristo, porque "en ningún otro hay salvación" (Hch. 4:12). En otras palabras, poner a Cristo en el centro de tu ser, sobre tu corazón y sobre tu mente es permanecer, morar o habitar íntimamente con Él.

El ejemplo de Jesús

Hemos visto en capítulos anteriores que podemos ser más semejantes a Cristo a través de nuestros sufrimientos, porque en ellos se forma y moldea nuestro carácter. Pero ¿pensaste alguna vez que eres como Cristo simplemente por las heridas que sufriste en la vida?

Sandra, cuya historia se encuentra en el capítulo 2, a menudo lo piensa. Durante toda su dolorosa infancia había anhelado encontrar un Dios de amor, hasta que finalmente lo encontró cuando fue adulta. Sin embargo, al saber todo lo que Cristo sufrió por ella, reconoce que es más semejante a Él por las heridas que sufrió. De hecho, ve su vida como "una increíble oportunidad de seguir las pisadas de Cristo".

"Para mí, hay una sanidad implícita en cada herida que sufrimos —dice ella—. Cuando sufrimos heridas y las superamos, esa es la vida que Cristo vivió. Él fue perfecto. Vino a esta tierra a experimentar el dolor y el sufrimiento que todas nosotras atravesamos en la vida y después murió, pero resucitó. Yo también nací en un mundo imperfecto, y en consecuencia sufrí heridas".

Y porque Cristo murió y resucitó para traernos sanidad y esperanza —espiritual, física y emocional—, Sandra también pudo volver a vivir. Y tú también puedes.

"Ni siquiera se trata de sufrir heridas y superarlas —dijo Sandra—. Se trata de aceptar las heridas para poder ministrar a otros. No hay casi ninguna herida que otra persona haya experimentado con la que yo no me pueda identificar. Eso ahora es un don".

¿Puedes ver *tus* heridas como un don porque te han formado y te han convertido en una mujer que puede identificarse con otros y ministrarles? La Biblia dice que Dios nos consuela para que, a su vez, nosotras seamos de consuelo a otros:

> Alabado sea el Dios y Padre de nuestro Señor Jesucristo, Padre misericordioso y Dios de toda consolación, quien nos consuela en todas nuestras tribulaciones para que con el mismo consuelo que de Dios hemos recibido, también nosotros podamos consolar a todos los que sufren (2 Co. 1:3-4, NVI).

Isabel, Sandra, Christina y todas las mujeres, cuyas historias están incluidas en este libro, te dirán que sus sufrimientos han formado su carácter y no solo las han ayudado a identificarse con otras mujeres que están sufriendo, sino que las ha capacitado para ministrar a esas mujeres también.

Sus sufrimientos también las han ayudado a identificarse con el "varón de dolores" (Is. 53:3), que es la esperanza y la luz de los pueblos (Is. 51:4). Ellas ven en Él un patrón que quieren reproducir en sus propias vidas también. Jesús soportó rechazo, traición, insultos personales, falsas acusaciones, tortura física y el intolerable dolor emocional de la separación momentánea de su Padre (lo último, por cierto, es algo que *tú* nunca tendrás que experimentar si aceptaste a Cristo Jesús como tu Salvador personal y tienes una relación con Él). Jesús sufrió todo eso para darnos sanidad y plenitud física, emocional y espiritual. Sufrió para darnos vida. Y, del mismo modo, a través de *nuestro* sufrimiento, podemos ofrecer esperanza y una nueva forma de vida a otras mujeres.

Sandra dijo que una vez que hemos sido sanadas, que hemos superado nuestras heridas, "la responsabilidad es enorme".

"Ahora que he sido sanada y restaurada, si no ayudara a sanar y restaurar a otras mujeres, no estaría haciendo la obra de Jesús".

Es tu turno

Mientras nos acercamos al final de esta travesía juntas, quiero ofrecerte un proceso paso a paso para transformar tu dolor en esperanza para otros. Tal vez te sigas preguntando dónde y cómo ministrar a otras mujeres. Quizás tu dolor todavía sea tan reciente, que no puedes imaginar estar en un lugar donde puedas ayudar a otros. Pero Dios ya está haciendo *en* ti la obra redentora que Él quiere lograr en otros *a través de* ti.

1. Mira atrás: De dónde te sacó

Mira atrás para que puedas recordar de dónde te sacó Dios y dónde estarías si no hubiera sido por su mano sanadora y su toque de amor. Pero no pienses demasiado en eso. Como dijo Oswald Chambers: "Cuídate de añorar lo que alguna vez fuiste, cuando Dios quiere que seas algo que nunca has sido".[4]

Mirar atrás debería servir para motivarte a no querer volver a ese lugar. Debería impulsarte hacia adelante, a avanzar en tu vida. Si te es de ayuda, escribe en un diario personal de dónde te sacó Dios; si es demasiado reciente para saberlo, escribe de qué te está haciendo libre el Señor ahora.

2. Mírate por dentro: Qué hizo Dios en ti

¿Qué ha desarrollado Dios en ti, en medio de tu sufrimiento, que

---

4. Oswald Chambers, *En pos de lo supremo*, edición revisada (Barcelona: Editorial Clie, 1993), 8 de junio.

ahora puedes ofrecer a otros? ¿Ha cultivado en ti cualidades que podrían animar o edificar a otros? ¿Te ha dado una mayor compasión por los niños que reciben el trato que una vez tú recibiste? ¿Ha puesto mujeres en tu corazón que son víctimas de la traición de sus maridos? ¿Te ha dado carga por la madre soltera y por todo lo que ella tiene que sobrellevar? Si te preguntas: "¿Qué me mueve más a compasión?" y "¿A quiénes puedo ayudar?", podrás descubrir específicamente la obra que hizo Dios en ti a través de tus heridas.

3. Mira hacia fuera: Quiénes necesitan ayuda

Jesús dijo: "porque a todo aquel a quien se haya dado mucho, mucho se le demandará" (Lc. 12:48). ¿Has recibido mucha sanidad? Ofrécela a otros también. ¿Has recibido mucha gracia y perdón? Extiéndeselos a otros también. ¿Has encontrado en Él tu esperanza en medio de tu oscuridad? Ayuda a otros a encontrar la luz de Dios también.

Podemos ayudar a otros con el solo hecho de contarles nuestra historia. Algunas de nosotras hablamos mucho de los momentos difíciles de nuestra vida. No me refiero a eso. Estoy hablando de contarles a otros lo que Dios ha hecho en tu vida. Hay una diferencia. En vez de abundar en tu dolorosa situación, enfatiza la liberación de Dios. En vez de hacer énfasis en tus heridas, destaca lo que hizo el Sanador. En vez de hablar de ti, habla de Él. A medida que empieces a hablar de Jesús, de lo que Él hizo en ti y de lo que está dispuesto a hacer en otras vidas, las personas querrán escuchar más; no solo aquellas que han pasado por circunstancias similares, sino aquellas que necesitan escuchar palabras de esperanza. Cuando empieces a contar tu historia, Dios atraerá a ti a otras personas que necesitan tus palabras de esperanza y aliento.

4. Mira hacia arriba: Para recibir fortaleza y capacitación de Dios

Aun después de que Dios te haya liberado de tu dolorosa situación, debes depender constantemente de su fortaleza, sus tiempos y su capacitación para que puedas ministrar a los corazones de otras mujeres. No se trata de ti. Es demasiado fácil deslizarse y pensar: *¡Qué increíble lo que estoy haciendo por otros!* Sin embargo, tu enfoque debe ser como el de Juan el Bautista, que vio crecer la popularidad de Jesús a expensas de su propio ministerio. Juan dijo con humildad: "Es necesario que él crezca, pero que yo mengüe" (Jn. 3:30). No hay esperanza o sanidad en ninguna de nosotras. Es Cristo *a través de* nosotras el que toca la vida de otros.

Filipenses 4:13 dice: "Todo lo puedo en Cristo que me fortalece". Adóptalo como tu consigna, y te ayudará a mantener tus ojos en Aquel para quien nada es imposible.

5. Mira hacia delante: Las puertas que se abrirán

Como sucedió con Tonia, quizás no encuentres tu ministerio mientras intentas servir en una cosa o la otra. Es posible que Dios te sorprenda con una oportunidad para ministrar que te caiga del cielo. Cualquiera que sea, debes estar abierta a las oportunidades que se te presenten y estar dispuesta a cruzar cualquier puerta que Dios abra para ti.

Puesto que Dina (en el capítulo 8) pudo perdonar a su esposo Brian por su infidelidad, los dos ahora ayudan a otras parejas con problemas en el ministerio de grupos pequeños de su iglesia. Cuentan a otros su historia para ofrecerles esperanza y decirles que realmente el perdón es posible. Pero Dina nunca se hubiera ofrecido voluntariamente a hacer algo como eso. Terminó en ese rol porque fue sensible a la obra de Dios en su vida y fue obediente a lo que Él le mostró cuando se le presentó una oportunidad.

Ana, cuya historia es similar a la de Dina, tuvo la posibilidad de perdonar, cara a cara, a su ex mejor amiga, que había cometido adulterio con su esposo. A través de sucesos, que ella cree que Dios ordenó, las dos mujeres ahora tienen una relación restaurada e incluso más fuerte que antes. ¿Cómo es posible?

"El giro de los acontecimientos fue un milagro en sí mismo y estoy eternamente agradecida por cómo resultaron las cosas —dijo Ana—. Dios transforma decisiones desastrosas en una infinidad de posibilidades; al menos eso es lo que he aprendido una y otra vez a lo largo de mi vida. Cuando les cuento a otros solo una fracción de todas las cosas que Dios ha hecho en los últimos nueve años, siento que da esperanza a situaciones aparentemente imposibles".

Hay infinidad de personas en el mundo en busca de esperanza. ¿Puede tu historia dar un rayo de esperanza en medio de la oscuridad? Entonces, cuéntala.

Voces de victoria

Cyndi me mostró un poema que escribió mientras reflexionaba en la vida que podemos ofrecer a otros por medio de nuestras pérdidas:

> Déjalo ir; déjalo morir,
> Las heridas, el dolor, los problemas,
> La injusticia, la culpa, la condena.
> Déjalo ir; déjalo morir para que la vida pueda fluir.
> Vida nueva en abundancia, rica y gratuita.
> Vida nueva que trasciende más allá de ti y de mí.[5]

¿Ves ahora que nuestras vidas pueden ser más como la de nuestro Señor cuando tomamos lo que hemos recibido —y lo que hemos perdido— y se lo devolvemos a Dios como una ofrenda sacrificial de servicio y alabanza? Si nuestras heridas ayudan a otros, en cierto sentido hemos sido como Jesús para otros. Y hemos visto una vislumbre de lo que estamos destinadas a ser y cómo estamos destinadas a vivir.

Deja que los ríos fluyan

¿Puedes ver que hay una fuente de agua viva en ti que Cristo ha cultivado y quiere que seas un canal que dé de beber a otros? Jesús dijo en Juan 7:38: "El que cree en mí, como dice la Escritura, de su interior correrán ríos de agua viva".

Como lo expresó un escritor:

> El nacimiento de un río no se entera de los lugares a los cuales llega su cauce. Y Jesús dijo que si hemos recibido de su plenitud, de nosotros brotarán ríos de agua viva que bendecirán incluso hasta lo último de la tierra (Hch. 1:8). Nosotros no tenemos nada que ver con el desbordamiento de la corriente, pues 'esta es la obra de Dios, que creáis...' (Jn. 6:29). Dios rara vez permite que alguien vea cuán grande bendición es para otras personas.[6]
>
> ¡Piensa en los extensos ríos de sanidad que se están

---

5. Cyndi Evans, "Release" © 2009; usado con permiso.
6. Oswald Chambers, *En pos de lo supremo*, 6 de septiembre.

desarrollando y alimentando en nuestras almas! Dios le ha estado revelando a nuestra mente verdades maravillosas y cada una de ellas es otra evidencia del poder más amplio del río que Él hará fluir a través de nosotros. Si crees en Jesús, descubrirás que Dios ha desarrollado y nutrido en ti poderosos torrentes de bendición para otros".[7]

Estos ríos de bendición que fluyen son uno de los tesoros que recibimos cuando atravesamos el sufrimiento. Dios nos dice:

> Y te daré los tesoros escondidos, y los secretos muy guardados, para que sepas que yo soy Jehová, el Dios de Israel, que te pongo nombre (Is. 45:3).

Has recibido una gran riqueza con las heridas profundas de tu corazón. Si se las ofreces a tu amoroso Salvador, no se malgastarán. No habrán sido en vano. Son para ti un testimonio de quién es Dios, y ahora pueden ser un testimonio para que otros sepan quién puede ser Dios en *sus* vidas también.

PASO #10 *Hacia la sanidad y la plenitud*
Invierte en la vida de otros.
Ofrece esperanza a otras personas que están pasando por tu misma experiencia dolorosa y permite que Dios transforme tu dolor en un propósito.

DEJA QUE CONTINÚE LA SANIDAD

1. En su libro *Dear Abba*, la escritora Claire Cloninger hace esta descripción de lo que Cristo hizo por nosotros y lo que espera que nosotros hagamos por otros:

---

7. Ibíd.

Visualízate andrajoso y hambriento y encerrado en la celda de una prisión en medio de un largo pasillo de otras celdas que albergan a otros prisioneros andrajosos. Jesús viene caminando por el pasillo. Se detiene frente a tu celda y saca una gran llave de bronce del bolsillo de su túnica. Abre la puerta de tu celda. Te da comida y ropa limpia, después coloca la llave en tus manos y te dice que abras la puerta de las otras celdas y liberes a los prisioneros".[8]

¿Cuál es tu respuesta a la petición de Jesús de tomar la llave y liberar a otros?

2. Lee los siguientes pasajes de las Escrituras e indica, junto a cada cita bíblica, lo que Dios te podría estar diciendo, en su Palabra, sobre los planes que tiene para ti de bendecir a otros:

2 Corintios 1:3-5

Efesios 2:10

Filipenses 4:13

Colosenses 1:10

---

8. Claire Cloninger, *Dear Abba: Finding the Father's Heart Through Prayer* (Dallas: Word, 1997), p. 117.

3. En el capítulo 1 te pedí que llenaras un gráfico sobre tu dolor y la alabanza que podrías ofrecer a Dios a pesar de eso. Ahora quiero que vuelvas a leer ese gráfico y a pensar en lo que Dios te ha mostrado en tu dolor (o permitido atravesar) y lo que ahora puedes ofrecer a otros como resultado de lo que Cristo ha hecho en ti y a través de ti. (Completé la primera por ti).

Lo que Dios me mostró a través de mi dolor:	Lo que puedo ofrecer a otros:
Él es el Único que puede saciar los deseos profundos de mi corazón.	Mi testimonio personal de ver a Dios como mi Esposo espiritual y de descubrir que Él es el único que puede saciarme.

Una oración para ser de bendición a otros

Señor, que redimes y restauras:
Estaba en tus planes llevarte la gloria cuando permitiste
que las circunstancias de mi vida se desenvolvieran como
lo hicieron. No me dejes pensar ni por un minuto que
puedo guardarme para mí cualquier experiencia de dolor
o gozo de mi vida. Tú quieres que te lo ofrezca todo para
que lo puedas redimir y transformar en algo precioso en
mi vida que sea de bendición a otros. ¡Qué increíble que
puedas tomar lo que una vez fue amargo en mi vida
y transformarlo en una bendición; algo que puede dar
esperanza y aliento a otra persona!

Gracias, precioso Señor, por extender tu mano desde lo
alto y sacarme del mar profundo. Gracias por llevarme
a un amplio espacio donde puedo respirar y danzar ora
vez y puedo vivir sin cargas y en libertad. Gracias por
rescatarme, porque "[te agradaste] de mí".⁹ Que puedas
agradarte más de mí cuando ofrezca a otros la esperanza y
la sanidad que tú me has dado.

9. Una parte de esta oración fue extraída de Salmos 18:16-19.

Un reto de despedida: Acepta la vida plena

"Acepta la vida de Dios. Acéptala de verdad
y nada será demasiado para ti".
—JESÚS (MR. 11:22, MSG)

Cuando empezaste esta travesía, tal vez estabas pasando por alguna situación dolorosa y te preguntabas por qué Dios pudo haberla permitido y qué podría hacer Él con tu dolor. Espero que a estas alturas hayas descubierto que Dios tenía una razón, Él ha desarrollado un carácter más fuerte en ti a través de todo lo que has pasado y pretende recibir la gloria por medio de la esperanza que Él te ha dado y la sanidad que ha hecho en ti.

Se dice que "Dios nunca se equivoca". Pero también creo que Dios no malgasta ninguna herida. Él se especializa en redimir, restaurar y transformar a aquellos que ama en obras maestras para su gloria.[1] Pero eso solo sucederá si dejas atrás esa vida de dolor y recibes esa vida plena donde vivas diariamente conforme a la nueva identidad que Él te ha dado.

Para concluir, quiero contarte un final feliz que, en realidad, es un nuevo comienzo.

Sandra, la niña herida del capítulo 2, pudo escribir esto en una de las últimas páginas de su diario personal mientras meditaba en los años de horrendo abuso que sufrió. Es un testimonio de quién es Dios

---

1. En la Nueva Traducción Viviente, Efesios 2:10 dice: "Pues somos la obra maestra de Dios. Él nos creó de nuevo en Cristo Jesús, a fin de que hagamos las cosas buenas que preparó para nosotros tiempo atrás".

y cómo la ha transformado en la mujer que Él diseñó; una mujer que ahora puede invertir en la vida de otros. Espero que puedas ver que su "final feliz" es solo el comienzo de una nueva vida de gozo:

> Mientras ella mira en el espejo a la mujer invisible y desecha que una vez fue, finalmente ve que Dios la creó como un tesoro. Todos los años de lágrimas, sueños truncados y el corazón vacío han sido sanados.
>
> ¿Cómo? Ella no lo sabe. ¿Cuándo? Desearía poder indicar un día específico…
>
> Pero el Señor la sanó poco a poco. Cuidó su frágil espíritu y cada día le dio una pequeña medida de valor, fortaleza y sabiduría.
>
> Envió ángeles para sentarse junto a ella en la oscuridad, envió niños para que le enseñaran a reír otra vez, y le dio palabras y recursos para impedir que las personas la hieran.
>
> Le dio un lugar cálido y seguro para sentir temor, llorar desconsolada, gritar y buscar al Dios de amor, el de sus sueños. Sobre todo, le dio tiempo para sanar todos los años de dolor.
>
> Un día, la vida que se había adueñado de ella se terminó y fue el comienzo de una nueva vida.
>
> Sí, el comienzo. Puede que se sienta más vieja, pero su espíritu es muy joven otra vez… como debe ser.
>
> Hoy acepta la vida; ya no hay monstruos que acechan en la oscuridad.
>
> ¿Se siente bendecida hoy? ¡Sí! ¿Por qué? Porque Jesús la ama. Cuando ella no podía ver, sentir o confiar en Él, Él nunca la abandonó.
>
> Ella alaba a Dios por su vida. Toda su vida. El incesto, el asesinato, los divorcios, el cáncer, las palizas. La desesperación extrema.
>
> Sabe quién ha sido. Sabe en quién se ha convertido. Por fin, ha llegado a ser la mujer que Dios destinó que fuera.
>
> Tiene muchos dones: ama con todo su corazón, sabe perdonar, tiene paciencia y dominio propio; infunde

aliento, tiene sentido del humor y una actitud positiva y permite que otros tengan el privilegio de ser ellos mismos.

¡Qué bendecida es esta mujer! Dios la llama hija. Hoy ella sabe que lo es.

Habitar en la presencia de Dios

Sandra ya no se identifica como la pequeña niña herida, sino la mujer que Dios sanó. Ella experimentó la sanidad de Dios cuando le abrió su corazón a quién es Él y recibió su paz y su presencia a su vida.

Tú puedes experimentar la sanidad de Dios también si aceptas la vida plena que Él hizo posible en la cruz y celebras la vida en su presencia.

El salmista David cantó:

> Me mostrarás la senda de la vida;
> *En tu presencia hay plenitud de gozo*;
> Delicias a tu diestra para siempre" (Sal. 16:11).

Y 1 Crónicas 16:27 dice: "fuerza y gozo llenan su morada" (NTV).

¡Quieres experimentar fuerza y gozo también? Entonces vive con denuedo en su presencia. Invita su luz a las áreas oscuras de tu vida. Siente su paz que viene de conocerlo y amarlo. ¡Y observa la influencia contundente que tiene tu vida sobre otras vidas, ahora que eres otra de las mujeres que ya no están heridas!

Diez pasos hacia la sanidad y la plenitud

1. **Comprende que tu dolor tiene una razón y un propósito**.
   Y que los propósitos de Dios son mucho más grandes y mejores que los tuyos.

2. **Renueva tu concepto de Dios a través de las Escrituras.**
   El verdadero Dios de las Escrituras podría ser muy diferente al dios que has percibido en tu dolor.

3. **Rechaza la mentira de que a Dios no le importa todo lo que has sufrido.**
   Dios siempre ha estado a tu lado y siempre lo estará. Él tiene cuidado de ti. Y está cumpliendo su plan en tu vida.

4. **Recapacita en —y recibe— el poder sanador de la muerte de Jesús por ti en la cruz.**
   La muerte sacrificial de Jesús fue suficiente para sanar las más profundas de tus heridas, incluso las que tú misma te provocaste.

5. **Renueva tu mente para poder pensar distinto**.
   Tienes una nueva identidad en Cristo, y la mujer de antes que decía "así soy yo" ya no existe.

6. **Renuncia a tus derechos.**
   La verdadera rendición es reconocer que tu vida no te pertenece; le pertenece a un tierno Amo, que quiere lo mejor para ti.

7. **Distingue entre el amor real y el amor distorsionado**.
   Y acepta el amor de Dios como el único que te puede saciar.

8. **Libera a tu ofensor —y libérate a ti misma— a través del perdón**.
   La libertad viene cuando liberas a la otra persona de tu peso emocional.

9. **Alaba a Dios en tu dolor y alegra así tu alma**.
   Dar gracias a Dios en todo es la manera principal de hacer la voluntad de Dios en tu vida.

10. **Invierte en la vida de otros.**
    Puedes permitir que Dios transforme tu dolor en un propósito al ofrecer tu esperanza a otras personas que están pasando por la misma experiencia dolorosa.

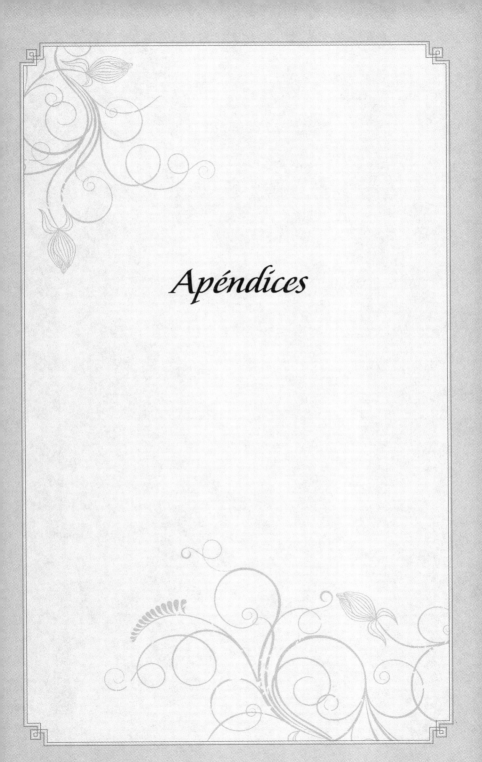

Apéndices

Autoevaluación: ¿Te siguen afectando tus heridas?

Responde *sí* a las declaraciones que crees que te describen y *no* a las que crees que no. Cuanto más sincera seas, más rápido podrás sanar tu dolor y dejar atrás algunas heridas de la vida.

Cuando conozco a una persona, tiendo a pensar que
no le simpatizo . . . . .Sí / No

Tiendo a sospechar de mi esposo o de mi novio
sin ninguna razón . . . . .Sí / No

Evito las multitudes . . . . .Sí / No

Suelo perder el sueño por pensar en cosas que alguien
dijo de mí o me hizo . . . . .Sí / No

Me amargo cuando pienso en mi madre o mi padre . . . . . . .Sí / No

Evito quedarme sola. Me hace sentir incómoda . . . . .Sí / No

Me da miedo ser yo misma cuando estoy con
otras personas . . . . .Sí / No

Me siento incómoda cuando alguien me mira . . . . .Sí / No

Hay momentos cuando desearía no estar viva . . . . .Sí / No

Tengo temor al fracaso cuando intento algo nuevo . . . . . . .Sí / No

Me asusta o me deprimo cuando estoy sola . . . . Sí / No

Lloro por cualquier cosa . . . . Sí / No

Me gusta llamar la atención de los demás . . . . Sí / No

Me consume la preocupación . . . . Sí / No

Muchas veces me siento como una niña pequeña . . . . Sí / No

Hay veces que me consume el temor. . . . . Sí / No

La sola mención de Dios o la iglesia me desagrada . . . . Sí / No

Me da miedo no estar a la altura de las expectativas
de los demás . . . . Sí / No

Siento que mi esposo, mis hijos y/o mi familia estarían
mejor sin mí. . . . . Sí / No

Hace años que no lloro. . . . . Sí / No

Siento odio por mí misma . . . . Sí / No

No me siento totalmente perdonada. . . . . Sí / No

Soy desconfiada o sospecho de personas en las que
una vez confié. . . . . Sí / No

Me cuesta perdonarme a mí misma. . . . . Sí / No

Siento que si estuviera muerta, nadie lo notaría
ni le importaría. . . . . Sí / No

Creo que no me merezco nada bueno de lo que
me ha pasado . . . . Sí / No

A veces me siento indefensa . . . . Sí / No

Tiendo a ser controladora. . . . . Sí / No

Me cuesta tomar decisiones . . . . Sí / No

Dependo del alcohol o las medicinas/drogas
para sentirme mejor emocionalmente . . . . Sí / No

Mis relaciones íntimas son más a corto plazo
que a largo plazo. . . . . .Sí / No

Siento una fuerte antipatía o incluso odio por
algunas personas. . . . . .Sí / No

Suelo enojarme o deprimirme. .Sí / No

Tengo sueños recurrentes que me perturban . . . . .Sí / No

Suelo pensar o decir: "No siento nada" . . . . .Sí / No

A lo largo de los años he usado estas preguntas para ayudar a las mujeres a identificar los problemas centrales de su vida. Tus respuestas a algunas declaraciones podrían representar simplemente rasgos de tu personalidad o bien la necesidad de más crecimiento espiritual. Sin embargo, otras podrían indicar algunas heridas más profundas en tu vida.

Si has respondido que sí a nueve o más preguntas de esta lista, es muy probable que tengas heridas de tu pasado o presente sin sanar, que siguen afectando tu vida y tu conducta. Sin embargo, hay esperanza. Puedes comenzar con los pasajes bíblicos de aliento para los corazones heridos de la página siguiente. Sumergirte en la Palabra de Dios te ayudará a obtener una perspectiva correcta de Dios y de quién eres para Él. Un grupo pequeño o individual de estudio de *Cuando una mujer supera las heridas de la vida* es otro paso que puedes dar en el camino a la sanidad. Además, te recomiendo hablar con un pastor o amiga de confianza sobre consejería bíblica o recursos bíblicos que puedan ayudarte en el proceso de tu sanidad.

Pasajes bíblicos de aliento para los corazones heridos

Razones de nuestro dolor

"Y sabemos que a los que aman a Dios, todas las cosas les ayudan a bien, esto es, a los que conforme a su propósito son llamados. Porque a los que antes conoció, también los predestinó para que fuesen hechos conformes a la imagen de su Hijo" (*Ro. 8:28-29*).

"Bendito sea el Dios y Padre de nuestro Señor Jesucristo, Padre de misericordias y Dios de toda consolación, el cual nos consuela en todas nuestras tribulaciones, para que podamos también nosotros consolar a los que están en cualquier tribulación, por medio de la consolación con que nosotros somos consolados por Dios" (*2 Co. 1:3-4*).

"Hermanos míos, tened por sumo gozo cuando os halléis en diversas pruebas, sabiendo que la prueba de vuestra fe produce paciencia. Mas tenga la paciencia su obra completa, para que seáis perfectos y cabales, sin que os falte cosa alguna" (*Stg. 1:2-4*).

Propósito/soberanía de Dios

"Vosotros pensasteis mal contra mí, mas Dios lo encaminó a bien" (*Gn. 50:20*).

"Porque mis pensamientos no son vuestros pensamientos, ni vuestros caminos mis caminos, dijo Jehová. Como son más altos los cielos que la tierra, así son mis caminos más altos que vuestros caminos, y mis pensamientos más que vuestros pensamientos" (*Is. 55:8-9*).

"El Señor le dio otro mensaje a Jeremías: 'Baja al taller del alfarero y allí te hablaré'. Así que hice lo que me dijo y encontré al alfarero trabajando en el torno; pero la vasija que estaba formando no resultó como él esperaba, así que la aplastó y comenzó de nuevo. Después el Señor me dio este mensaje: '¡Oh, Israel! ¿No puedo hacer contigo lo mismo que hizo el alfarero con el barro? De la misma manera que el barro está en manos del alfarero, así estás en mis manos'" (*Jer. 18:1-6, NTV*).

"Porque esta leve tribulación momentánea produce en nosotros un cada vez más excelente y eterno peso de gloria; no mirando nosotros las cosas que se ven, sino las que no se ven; pues las cosas que se ven son temporales, pero las que no se ven son eternas" (*2 Co. 4:17-18*).

Limpieza y perdón

"Mi pecado te declaré,
y no encubrí mi iniquidad.
Dije: Confesaré mis transgresiones a Jehová;
y tú perdonaste la maldad de mi pecado" (*Sal. 32:5*).

"Ten piedad de mí, oh Dios,
conforme a tu misericordia;
conforme a la multitud de tus piedades
borra mis rebeliones.
Lávame más y más de mi maldad,
y límpiame de mi pecado" (*Sal. 51:1-2*).

"Cuanto está lejos el oriente del occidente,
hizo alejar de nosotros nuestras rebeliones" (*Sal. 103:12*).

"Examíname, oh Dios, y conoce mi corazón;
pruébame y conoce mis pensamientos;
y ve si hay en mí camino de perversidad,
y guíame en el camino eterno" (*Sal. 139:23-24*).

"Yo, yo soy el que borro tus rebeliones por amor de mí mismo, y no me acordaré de tus pecados" (*Is. 43:25*).

"Porque perdonaré la maldad de ellos, y no me acordaré más de su pecado" (*Jer. 31:34*).

"Él volverá a tener misericordia de nosotros; sepultará nuestras iniquidades, y echará en lo profundo del mar todos nuestros pecados" (*Mi. 7:19*).

"Vestíos, pues, como escogidos de Dios, santos y amados, de entrañable misericordia, de benignidad, de humildad, de mansedumbre, de paciencia; soportándoos unos a otros, y perdonándoos unos a otros si alguno tuviere queja contra otro. De la manera que Cristo os perdonó, así también hacedlo vosotros" (*Col. 3:12-13*).

"Si confesamos nuestros pecados, él es fiel y justo para perdonar nuestros pecados, y limpiarnos de toda maldad" (*1 Jn. 1:9*).

Consuelo y liberación

"En paz me acostaré, y asimismo dormiré;
porque solo tú, Jehová, me haces vivir confiado" (*Sal. 4:8*).

"Porque un momento será su ira,
pero su favor dura toda la vida.
Por la noche durará el lloro,
y a la mañana vendrá la alegría" (*Sal. 30:5*).

"Tú eres mi refugio;
me guardarás de la angustia;
con cánticos de liberación me rodearás" (*Sal. 32:7*).

"Pacientemente esperé a Jehová,
y se inclinó a mí, y oyó mi clamor.
Y me hizo sacar del pozo de la desesperación,
del lodo cenagoso; puso mis pies sobre peña,
y enderezó mis pasos.
Puso luego en mi boca cántico nuevo,
alabanza a nuestro Dios.
Verán esto muchos, y temerán,
y confiarán en Jehová" (*Sal. 40:1-3*).

"Dios es nuestro amparo y fortaleza,
nuestro pronto auxilio en las tribulaciones.
Por tanto, no temeremos,
aunque la tierra sea removida,
y se traspasen los montes al corazón del mar;
aunque bramen y se turben sus aguas,
y tiemblen los montes a causa de su braveza" (*Sal. 46:1-3*).

"Esperad en él en todo tiempo, oh pueblos;
derramad delante de él vuestro corazón;
Dios es nuestro refugio" (*Sal. 62:8*).

"Mi socorro viene de Jehová,
que hizo los cielos y la tierra.
No dará tu pie al resbaladero,
ni se dormirá el que te guarda" (*Sal. 121:2-3*).

"¿A dónde me iré de tu Espíritu?
¿Y a dónde huiré de tu presencia?
Si subiere a los cielos, allí estás tú;
y si en el Seol hiciere mi estrado, he aquí, allí tú estás.
Si tomare las alas del alba
y habitare en el extremo del mar,
aun allí me guiará tu mano,
y me asirá tu diestra.
Si dijere: Ciertamente las tinieblas me encubrirán;

aun la noche resplandecerá alrededor de mí.
Aun las tinieblas no encubren de ti,
y la noche resplandece como el día;
lo mismo te son las tinieblas que la luz" (*Sal. 139:7-12*).

"Clemente y misericordioso es Jehová,
lento para la ira, y grande en misericordia.
Bueno es Jehová para con todos,
y sus misericordias sobre todas sus obras" (*Sal. 145:8-9*).

"Cuando pases por las aguas, yo estaré contigo; y si por los ríos, no te anegarán. Cuando pases por el fuego, no te quemarás, ni la llama arderá en ti" (*Is. 43:2*).

"Porque yo sé los pensamientos que tengo acerca de vosotros, dice Jehová, pensamientos de paz, y no de mal, para daros el fin que esperáis" (*Jer. 29:11*).

"Jehová se manifestó a mí hace ya mucho tiempo, diciendo: Con amor eterno te he amado; por tanto, te prolongué mi misericordia" (*Jer. 31:3*).

"Por lo cual estoy seguro de que ni la muerte, ni la vida, ni ángeles, ni principados, ni potestades, ni lo presente, ni lo por venir, ni lo alto, ni lo profundo, ni ninguna otra cosa creada nos podrá separar del amor de Dios, que es en Cristo Jesús Señor nuestro" (*Ro. 8:38-39*).

"Bendito sea el Dios y Padre de nuestro Señor Jesucristo, Padre de misericordias y Dios de toda consolación, el cual nos consuela en todas nuestras tribulaciones, para que podamos también nosotros consolar a los que están en cualquier tribulación, por medio de la consolación con que nosotros somos consolados por Dios" (*2 Co. 1:3-4*).

"Porque él dijo: No te desampararé, ni te dejaré" (*He. 13:5*).

Consuelo frente a la muerte

"Aunque ande en valle de sombra de muerte,
no temeré mal alguno,
porque tú estarás conmigo;
tu vara y tu cayado me infundirán aliento" (*Sal. 23:4*).

"Estimada es a los ojos de Jehová
la muerte de sus santos" (*Sal. 116:15*).

"Le dijo Jesús: Yo soy la resurrección y la vida; el que cree en mí,
aunque esté muerto, vivirá. Y todo aquel que vive y cree en mí, no
morirá eternamente. ¿Crees esto?" (*Jn. 11:25-26*).

"Y si me fuere y os preparare lugar, vendré otra vez, y os tomaré a mí
mismo, para que donde yo estoy, vosotros también estéis" (*Jn. 14:3*).

Provisión de Dios

"Los leoncillos necesitan, y tienen hambre;
pero los que buscan a Jehová no tendrán falta de ningún bien"
(*Sal. 34:10*).

"Porque sol y escudo es Jehová Dios;
gracia y gloria dará Jehová.
No quitará el bien a los que andan en integridad" (*Sal. 84:11*).

"Sostiene Jehová a todos los que caen,
y levanta a todos los oprimidos.
Los ojos de todos esperan en ti,
y tú les das su comida a su tiempo.
Abres tu mano,
y colmas de bendición a todo ser viviente" (*Sal. 145:14-16*).

"Mi Dios, pues, suplirá todo lo que os falta conforme a sus riquezas
en gloria en Cristo Jesús" (Fil. 4:19).

Sanidad

"Él sana a los quebrantados de corazón,
y venda sus heridas" (*Sal. 147:3*).

"Ciertamente llevó él nuestras enfermedades, y sufrió nuestros dolores; y nosotros le tuvimos por azotado, por herido de Dios y abatido. Mas él herido fue por nuestras rebeliones, molido por nuestros pecados; el castigo de nuestra paz fue sobre él, y por su llaga fuimos nosotros curados" (*Is. 53:4-5*).

"El Espíritu del Señor está sobre mí, por cuanto me ha ungido para dar buenas nuevas a los pobres; me ha enviado a sanar a los quebrantados de corazón; a pregonar libertad a los cautivos, y vista a los ciegos; a poner en libertad a los oprimidos" (*Lc. 4:18*).

Restauración

"Crea en mí, oh Dios, un corazón limpio,
y renueva un espíritu recto dentro de mí.
No me eches de delante de ti,
y no quites de mí tu santo Espíritu.
Vuélveme el gozo de tu salvación,
y espíritu noble me sustente" (*Sal. 51:10-12*).

"Os daré corazón nuevo, y pondré espíritu nuevo dentro de vosotros; y quitaré de vuestra carne el corazón de piedra,
y os daré un corazón de carne" (*Ez. 36:26*).

"De modo que si alguno está en Cristo, nueva criatura es; las cosas viejas pasaron; he aquí todas son hechas nuevas" (*2 Co. 5:17*).

"Con Cristo estoy juntamente crucificado, y ya no vivo yo, mas vive Cristo en mí; y lo que ahora vivo en la carne, lo vivo en la fe del Hijo de Dios, el cual me amó y se entregó a sí mismo por mí" (*Gá. 2:20*).

La importancia de tu vida

"Mis huidas tú has contado;
pon mis lágrimas en tu redoma;
¿No están ellas en tu libro?" (*Sal. 56:8*).

"Porque tú formaste mis entrañas;
tú me hiciste en el vientre de mi madre.
Te alabaré; porque formidables, maravillosas son tus obras;
estoy maravillado, y mi alma lo sabe muy bien.
No fue encubierto de ti mi cuerpo,
bien que en oculto fui formado,
y entretejido en lo más profundo de la tierra.
Mi embrión vieron tus ojos,
y en tu libro estaban escritas todas aquellas cosas
que fueron luego formadas, sin faltar una de ellas.
¡Cuán preciosos me son, oh Dios, tus pensamientos!
¡Cuán grande es la suma de ellos!
Si los enumero, se multiplican más que la arena;
despierto, y aún estoy contigo" (*Sal. 139:13-18*).

"¿Se olvidará la mujer de lo que dio a luz, para dejar de compa-
decerse del hijo de su vientre? Aunque olvide ella, yo nunca me
olvidaré de ti. He aquí que en las palmas de las manos te tengo
esculpida; delante de mí están siempre tus muros" (*Is. 49:15-16*).

"¿No se venden dos pajarillos por un cuarto? Con todo, ni uno de
ellos cae a tierra sin vuestro Padre. Pues aun vuestros cabellos están
todos contados. Así que, no temáis; más valéis vosotros que muchos
pajarillos" (*Mt. 10:29-31*).

Fortaleza espiritual

"Porque las armas de nuestra milicia no son carnales, sino poderosas
en Dios para la destrucción de fortalezas, derribando argumentos y toda altivez que se levanta contra el conocimiento de Dios,
y llevando cautivo todo pensamiento a la obediencia a Cristo"
(*2 Co. 10:4-5*).

"Y a Aquel que es poderoso para hacer todas las cosas mucho más abundantemente de lo que pedimos o entendemos, según el poder que actúa en nosotros" (*Ef. 3:20*).

"Por lo demás, hermanos míos, fortaleceos en el Señor, y en el poder de su fuerza. Vestíos de toda la armadura de Dios, para que podáis estar firmes contra las asechanzas del diablo. Porque no tenemos lucha contra sangre y carne, sino contra principados, contra potestades, contra los gobernadores de las tinieblas de este siglo, contra huestes espirituales de maldad en las regiones celestes. Por tanto, tomad toda la armadura de Dios, para que podáis resistir en el día malo, y habiendo acabado todo, estar firmes. Estad, pues, firmes, ceñidos vuestros lomos con la verdad, y vestidos con la coraza de justicia, y calzados los pies con el apresto del evangelio de la paz. Sobre todo, tomad el escudo de la fe, con que podáis apagar todos los dardos de fuego del maligno. Y tomad el yelmo de la salvación, y la espada del Espíritu, que es la palabra de Dios; orando en todo tiempo con toda oración y súplica en el Espíritu, y velando en ello con toda perseverancia y súplica por todos los santos" (*Ef. 6:10-18*).

"Por nada estéis afanosos, sino sean conocidas vuestras peticiones delante de Dios en toda oración y ruego, con acción de gracias. Y la paz de Dios, que sobrepasa todo entendimiento, guardará vuestros corazones y vuestros pensamientos en Cristo Jesús" (*Fil. 4:6-7*).

"Por lo demás, hermanos, todo lo que es verdadero, todo lo honesto, todo lo justo, todo lo puro, todo lo amable, todo lo que es de buen nombre; si hay virtud alguna, si algo digno de alabanza, en esto pensad" (*Fil. 4:8*).

"Todo lo puedo en Cristo que me fortalece" (*Fil. 4:13*).

Sugerencias para planificar y liderar un pequeño grupo de estudio

A menudo la sanidad se produce en comunidad, cuando las mujeres abren su corazón con franqueza unas con otras, cuando oran unas por otras y cuando rinden cuentas de su sanidad, su crecimiento y su salud espiritual.

Con la ayuda de este libro, una de las mejores maneras de ayudarles a facilitar la sanidad a otras es liderar (o recomendar que una líder de tu iglesia dirija) un pequeño grupo de estudio para mujeres. Las preguntas de aplicación práctica, el estudio bíblico y las oraciones incluidas al final de cada capítulo fueron diseñados tanto para el uso individual como grupal.

Así es como tú o alguien que conozcas puede empezar y liderar un pequeño grupo de estudio de *Cuando una mujer supera las heridas de la vida*:

Prepárate para empezar el grupo

1. Ora con antelación para saber qué mujeres se beneficiarían con el estudio de este libro.

2. Envía invitaciones escritas a mano o por correo electrónico o haz llamadas telefónicas personales para invitar a esas mujeres a reunirse y ser parte del grupo.

3. Sigue orando por cada mujer que hayas invitado a ser parte del grupo.

4. Reparte a las participantes un ejemplar del libro. Que las mujeres lean un capítulo cada semana y motívalas a ir preparadas para debatir las preguntas que están al final del capítulo de esa semana.

5. Imprime un calendario con las fechas y los capítulos para estudiar. Esto ayudará a las participantes a ponerse al día en caso de que no puedan asistir una o dos semanas.

6. Para la moderadora es más útil que lea todo el libro (y responda todas las preguntas de aplicación práctica) antes de empezar el estudio grupal. De esta manera, la líder sabe lo que sigue y puede mantenerse en el tema de debate de cada reunión. También permite a las lectoras saber lo que viene en el futuro, en caso de que surjan preguntas que sean mejor responderlas en reuniones futuras.

Qué hacer en la primera reunión

1. Da la bienvenida a las mujeres que asistan al estudio. Preséntate como la moderadora. Da lugar para que cada mujer se presente y le diga al grupo por qué está interesada en participar del estudio.

2. Coméntale al grupo por qué estás interesada en llevar a cabo este estudio. Diles lo que esperas obtener personalmente del mismo, así como tu objetivo para cada mujer del grupo. Las mujeres solo serán tan francas y sinceras en la medida en como tú lo seas, de modo que sé lo más transparente posible.

3. Abre la reunión con una oración.

4. Pídele a una mujer que lea la introducción en voz alta mientras las demás siguen la lectura. O que dos o tres se turnen para leerla.

5. Lee detenidamente el contenido del libro. Pregunta a las participantes qué capítulos consideran que son los que más necesitan en su vida en este momento.

6. Comprométanse a orar unas por otras en las áreas que acaban de indicar. Podrías asignar compañeras de oración

para este estudio o permitir que se junten en grupos de dos o tres mujeres con quienes puedan orar cada semana.

Qué hacer en las reuniones siguientes

Aunque seguir el programa del libro es importante, es vital que cada mujer se sienta amada, escuchada y en un entorno seguro donde pueda sanarse y encontrarse cara a cara con el Sanador de sus heridas. Sé flexible; es posible que el grupo necesite dos o tres semanas para tratar cada capítulo. Sé sensible a la guía del Espíritu y fíjate qué mujer necesita más tiempo para procesar los conflictos que tienen en sus vidas. Por encima de todo, sé bendecida mientras bendices a otras mujeres mientras les presentas al Sanador de sus heridas.

Y si tienes la oportunidad, me encantaría saber de ti y de lo que Dios ha hecho a lo largo de este estudio.

Cindi

EDITORIAL
PORTAVOZ

NUESTRA VISIÓN

Maximizar el efecto de recursos cristianos de calidad que transforman vidas.

NUESTRA MISIÓN

Desarrollar y distribuir productos de calidad —con integridad y excelencia—, desde una perspectiva bíblica y confiable, que animen a las personas a conocer y servir a Jesucristo.

NUESTROS VALORES

Nuestros valores se encuentran fundamentados en la Biblia, fuente de toda verdad para hoy y para siempre. Nosotros ponemos en práctica estas verdades bíblicas como fundamento para las decisiones, normas y productos de nuestra compañía.

Valoramos la excelencia y la calidad
Valoramos la integridad y la confianza
Valoramos el mérito y la dignidad de los individuos y las relaciones
Valoramos el servicio
Valoramos la administración de los recursos

Para más información acerca de nuestra editorial y los productos que publicamos visite nuestra página en la red: www.portavoz.com